# Aborder les études de droit



Jean-Emmanuel Ray

Professeur à l'université de Paris-I
et à l'Institut d'études politiques de Paris



MÉMO

Seuil

# MÉMO

COLLECTION DIRIGÉE PAR JACQUES GÉNÉREUX ET EDMOND BLANC

EXTRAIT DU CATALOGUE

**DROIT-SCIENCES POLITIQUES**

**33.** *Aborder les études de droit.* Jean-Emmanuel Ray
**34.** *Aborder la science politique.* Michel Hastings
**35.** *Les Organisations internationales.* Philippe Moreau Defarges
**36.** *Les Grands Courants de la philosophie politique.* Michel Terestchenko

**ÉCONOMIE**

**1.** *Chronologie de l'économie mondiale.* Frédéric Teulon
**2.** *Chronologie de l'économie française.* Frédéric Teulon
**3.** *L'Économie française depuis 1945.* Frédéric Teulon
**4.** *Le Système monétaire international.* Frédéric Teulon
**5.** *Le Commerce international.* Frédéric Teulon
**6.** *Les Politiques économiques.* Jacques Généreux
**37.** *La Monnaie et la Politique monétaire.* Jean-Pierre Faugère
**38.** *Le Chômage et les Politiques de l'emploi.* Frédéric Teulon

**HISTOIRE**

**12.** *La Révolution française.* Jean-Clément Martin
**13.** *Bilan de la Seconde Guerre mondiale.* Marc Nouschi
**14.** *La IVe République.* Jacques Dalloz
**15.** *Les Relations internationales depuis 1945.* Philippe Moreau Defarges
**16.** *La Construction européenne de 1945 à nos jours.* Pascal Fontaine
**17.** *Le Commentaire de documents en histoire médiévale.* Jacques Berlioz
**29.** *La Grande-Bretagne depuis 1945.* Roland Marx
**30.** *Les Relations Est-Ouest depuis 1945.* Pascal Boniface
**31.** *Histoire des politiques sociales (Europe, XIXe-XXe siècle).* Francis Démier
**32.** *Les Décolonisations.* Bernard Droz

ISBN 2-02-028198-8

# SOMMAIRE

# 1 QU'EST-CE QUE LE DROIT ?

« Vieillot », « ennuyeux », « compliqué », « par cœur », « pas concret », « change tout le temps » : le Droit n'a pas bonne presse chez les non-juristes. Pour eux, « faire du droit » ressemble à « faire ses dents de sagesse » : long, pénible et douloureux.

Faut-il alors se faire une raison, et accepter plusieurs années d'études *a priori* ennuyeuses afin de parvenir à des métiers intéressants ?

**Ce petit ouvrage d'initiation voudrait démontrer l'inverse.** Non seulement la connaissance d'un minimum de Droit est devenue indispensable dans la vie quotidienne, mais son étude peut être littéralement passionnante, quelle que soit sa formation initiale : vu la multiplication des morales et des religions, il défend des valeurs et des règles devenues le plus grand commun dénominateur des citoyens.

**Votre sentiment éventuel d'éloignement du Droit ne doit pas cacher sa proximité.**

## A. LE DROIT VOUS EST FAMILIER

Triple démonstration.

- **Depuis l'enfance, vous savez que tout groupe sécrète ses règles :** depuis le jeu de billes du cours préparatoire (qui gagne lorsqu'il y a équidistance ?) jusqu'au Monopoly familial des dimanches pluvieux (20 000 ou 40 000 francs lorsque l'on passe sur la « case départ » ?).
- **Vous faites instinctivement la différence entre règle juridique et règle de conduite en société.** Ainsi le panneau « Attention à nos enfants : ralentissez » aperçu à l'entrée d'une commune reste à vos yeux un souhait, non une règle juridiquement contraignante si vous roulez déjà à 50 km/h.
- **Vous connaissez un grand nombre de règles juridiques,** de la responsabilité que vous encourez en cas de dommage causé à votre voisin, à la circulation à droite en passant par l'existence d'un salaire minimal.

Ces connaissances quasi instinctives doivent faire parfois l'objet d'un contrôle, ainsi l'adage apparemment juridique : « Qui ne dit mot consent » est une abomination pour les juristes.

Mais la règle de droit vous est familière, même s'il vous arrive de confondre Droit et contentieux pénal. Le Droit est – heureusement – plus large que la procédure devant la cour d'assises, voire les procès américains (« Non coupable, Votre Honneur ») que les séries télévisées et de nombreux films vous ont fait connaître de l'intérieur.

**Le Droit, c'est droit !** *directum* en latin, d'où la droiture : droit à l'état de paix, à ne pas confondre avec le contentieux, droit à l'état de guerre, qui entraîne la saisine de la Justice, chargée de trancher en disant le Droit.

## B. DÉFINITION DU DROIT

Le Droit est « **l'ensemble des règles juridiques qui régissent la vie des hommes en société, sanctionné le cas échéant par une contrainte exercée par l'autorité publique** ».

Cette définition résulte d'un constat d'évidence : Robinson Crusoé seul sur son île n'avait pas besoin de Droit. Mais lorsque des hommes vivent ensemble, il leur faut créer des règles communes de vie, et substituer aux rapports de force des rapports civilisés, c'est-à-dire de Droit. Bref, que la fable de La Fontaine, *Le Loup et l'Agneau* (« La raison du plus fort est toujours la meilleure »), ne soit pas la règle.

**Trois remarques** s'imposent pour éclairer cette définition :

- **Toutes les règles de vie en société ne sont pas juridiques :** il existe d'autres règles de conduite sociale, souvent mieux appliquées. Dans la vie familiale par exemple (places à table, qui débarrasse ?), le Droit a une place marginale ; et pourtant ces règles internes sont strictement respectées. Il en va de même dans un club sportif : si **les règles du jeu** ressemblent beaucoup à **des règles de droit**, le comportement du sportif subit la pression diffuse du groupe ; allez jouer en survêtement et casquette-baladeur dans un prestigieux club de tennis !

Dans ces deux cas, c'est la courtoisie et/ou la peur de la réprobation du groupe qui déterminent le comportement de chacun. Ces règles **non juridiques** de conduite (littéralement de « savoir-vivre » en société) restent essentielles, voire, dans les rapports quotidiens, pratiquement plus importantes que la règle de droit. Dans les pays d'Extrême-Orient, l'honneur, la droiture et le respect des règles morales sont même considérés comme beaucoup plus importants que la règle juridique : faire appel à cette dernière montre l'impolitesse du demandeur.

- **La règle de droit est abstraite, générale et impersonnelle.** Elle ne s'adresse pas à un individu (mesure individuelle : Légion d'honneur), mais à tous les citoyens. Elle est générale dans **l'espace** (toute personne, française comme étrangère, résidant sur le territoire national doit la respecter) comme dans **le temps** : toute loi a vocation à régir les situations futures sans considération de délais, à moins qu'elle ne le dise expressément.
- **Dernière caractéristique essentielle de la règle de droit : son application sera le cas échéant contrainte par l'autorité publique.** La crédibilité de tout le système est à ce prix. Certes, dans 99 % des cas la règle de droit sera normalement appliquée (rouler à droite, respect du contrat, ne pas causer de dommage à autrui), ce qui est bien sûr sa vocation naturelle et première.

Mais **si** un citoyen ne la respecte pas, la victime peut saisir la justice **étatique** et cette dernière obligera, « au nom du peuple français », le fautif à réparer sa faute (ex. : dommages et intérêts), voire le sanctionnera publiquement (droit pénal car **peines** de prison).
« Nul ne peut se faire justice à lui-même » : dans les pays civilisés, la vengeance privée a dû céder le pas au monopole de la justice publique, plus apaisante et objective car extérieure au litige.

### C. DROIT, JUSTICE ET ÉQUITÉ

Dans l'immense majorité des cas, l'application du Droit est considérée comme juste, sinon le législateur modifierait dans les plus brefs délais le texte en cause.
Mais pas toujours : **faut-il dès lors permettre aux juges de statuer en équité** ?
Cette sympathique vue de l'esprit symbolisée par Saint Louis statuant sous son chêne semble oublier que chacun d'entre nous, et donc chaque juge, a sa propre idée du Juste.
**Cette notion très incertaine**, qui pourrait amener le juge de Paris à dire l'inverse de son collègue de Montpellier pendant que celui de Brest choisirait une troisième solution, est par ailleurs **dans de nombreux cas tout simplement inadéquate** : est-il plus juste de rouler à gauche ou à droite ? Le niveau actuel du SMIC est-il équitable ?
« Dieu nous garde de l'équité des Parlements. » Sous l'Ancien Régime où ces derniers faisaient parfois office de juges et statuaient sur cette base, **l'équité était assimilée à l'arbitraire et donc à un manque cruel de sécurité juridique.**

Or cette dernière notion est aujourd'hui encore plus fondamentale, car l'économie d'un pays moderne ne peut se contenter d'incertitudes en matière de droit fiscal ou social par exemple.

**La loi impose donc au juge français de statuer en Droit,** non en équité ou en fonction de sa propre idée du juste. Cette règle apparemment rigide ne souffre aucune exception.

Mais si des décisions trop inéquitables sont rendues, le texte applicable peut lui-même être modifié : chaque année, les rapports de la Cour de cassation comme du Conseil d'État proposent de telles améliorations. Et, le cas échéant, une campagne médiatique contraindra le législateur à modifier en urgence le texte en cause.

## D. DROIT ET MORALE

**La morale irrigue l'ensemble du Droit** (ex. : respect de la parole donnée, ne pas causer de préjudice à autrui). Mais là encore, le juge saisi ne peut apprécier une situation en fonction de ses propres critères moraux. Plus généralement, on ne peut se contenter pour réguler une société de l'application par chacun de sa propre morale, même si au nom de cette dernière le citoyen peut agir dans le cadre légal pour faire adopter, supprimer ou modifier un texte qu'il juge contraire à sa morale.

Car Morale et Droit se différencient sur au moins trois points :

- **Si la Morale vise la perfection de l'homme, le Droit a un but plus modeste : le fonctionnement harmonieux de la société,** l'homme étant visé non comme individu mais comme membre d'une collectivité qui a besoin d'un minimum de règles pour assurer une vie commune sans conflits permanents.
- **Le domaine de la morale dépend de chaque individu,** voire de chaque groupe social, et se révèle évolutif dans le temps comme dans l'espace. Le Droit se veut en revanche la plus large morale **commune** possible, avec une stabilité visant à assurer la sécurité juridique.
- **La sanction du Droit est assurée de l'extérieur** par l'autorité publique, alors que la sanction morale est intérieure (confrontation avec sa conscience), même si toute réprobation sociale n'est pas exclue.

La vogue actuelle de l'éthique (Comité d'éthique créé en 1983, chartes d'éthique pour certaines entreprises) montre bien les limites du Droit et l'importance renouvelée des problèmes moraux (ex. : procréation assistée, génie génétique).

Il convient à présent de vous introduire (*intro-ducere* : « faire venir à l'intérieur, faire visiter ») **au Droit lui-même.**
**Droit avec un grand « D »,** c'est-à-dire l'ensemble des règles juridiques d'un pays donné, par opposition à **d**roit (petit « d » : « j'ai le droit de », « vous n'avez pas le droit ») que les juristes appellent droit **subjectif**, car il appartient à chaque **sujet de droit** (personnes physiques et personnes morales : sociétés, syndicats...).
**Pour résumer, le Droit objectif confère des droits subjectifs (ex. : droit de propriété) aux acteurs de la vie juridique.**
Deux thèmes seront successivement examinés dans les deux parties qui suivent :
Tout d'abord, d'où vient le Droit ? De quoi est-il formé ?
**Les sources du Droit français (première partie).**
Mais qu'arrive-t-il en cas de violation ?
**La sanction de la règle de Droit (deuxième partie).**

# PREMIÈRE PARTIE
# LES SOURCES DU DROIT FRANÇAIS

Le Droit peut être comparé à un fleuve, résultante d'une multitude de sources : du ruisseau à la rivière, de l'affluent au torrent. L'apport de chacune de ces sources est variable dans le temps comme dans l'espace.

- **Dans le temps. Les sources internationales du Droit** pouvaient sans dommage être ignorées il y a vingt ans, mais elles sont aujourd'hui omniprésentes dans tous les pays développés. Le petit ruisseau du droit communautaire est ainsi devenu un impétueux torrent qui emporte, *a fortiori* depuis Maastricht, une bonne partie des règles nationales sur son passage.
- **Dans l'espace. Alors que notre culture inspirée du Droit romain privilégie la loi écrite**, d'autres systèmes de Droit récusent sa rigidité et font pleine confiance à la jurisprudence (ex. : « règle du précédent » en Angleterre). Pour l'essentiel de la population mondiale, la règle généralement suivie dans la vie quotidienne reste la plus modeste des sources françaises : la coutume locale.

Il faut connaître toutes ces sources, mais **leur hiérarchie compte tout autant**. Le propre de « l'ordre juridique » est d'éviter toute contradiction entre les 360 000 normes de toute nature applicables en France, et dont le nombre croît régulièrement avec l'expansion du droit communautaire.

Il vous appartient donc de bien comprendre l'articulation existant entre toutes les sources qui vont être étudiées.

**Le plan d'exposition suivi reflète cette hiérarchie** en pleine évolution (ex. : place respective Constitution/droit communautaire). A l'instar de l'économie, on assiste actuellement à une mondialisation des règles juridiques.

Comme leur nom l'indique, **les sources directes** peuvent être directement invoquées par un particulier ou une entreprise devant la justice : elles sont composées de la Constitution (▶ **chapitre 2**), des traités (▶ **chapitres 3 à 5**), des lois et règlements (▶ **chapitre 6**) et de la coutume (▶ **chapitre 7**). Mais d'autres sources influencent grandement le Droit applicable : jurisprudence, doctrine et pratique sont **les sources dérivées** (▶ **chapitre 8**).

# 2 LA CONSTITUTION FRANÇAISE

**Elle est encore considérée comme la plus haute des normes juridiques puisque, littéralement, elle constitue une République.** Ainsi la fondation de la Ve République date de la Constitution d'octobre 1958, fortement marquée par son fondateur, le général de Gaulle. Ce dernier a voulu mettre un terme à l'instabilité gouvernementale de la IVe République et à l'omnipotence du Parlement en rééquilibrant les pouvoirs en faveur du président de la République (élu au suffrage universel direct depuis 1962, ce qui lui donne une forte légitimité) et de l'exécutif.

## A. CONTENU

La Constitution vise essentiellement le droit public et fait l'objet d'une branche spécifique de celui-ci : le droit constitutionnel. Après avoir repris dans son préambule la Déclaration des droits de l'homme et du citoyen de 1789 et les principes économiques et sociaux énoncés dans le préambule de la Constitution de 1946 (égalité homme/femme, droit de grève, liberté syndicale...), la Constitution de 1958 est divisée en seize titres.

• **Elle fixe avant tout le rôle respectif et les rapports des organes essentiels de l'État** que sont le **président** de la République, le **gouvernement** d'où émanent les règlements, le **Parlement** qui vote les lois, et « **l'autorité judiciaire** » chargée de les appliquer, le tout dans un savant équilibre.

Le président de la République nomme le Premier ministre, chef du gouvernement (l'« exécutif »). Le Parlement peut, par une motion de censure, contraindre le gouvernement à démissionner. Mais le président de la République peut dissoudre l'Assemblée nationale et donc obliger nos députés à se représenter devant leurs électeurs. Cette hypothèse calme de façon définitive les ardeurs des éventuels censeurs : si plusieurs dizaines de motions de censure ont été déposées depuis 1958, un seul gouvernement a dû démissionner.

## B. CONTRÔLE : LE CONSEIL CONSTITUTIONNEL

### a. Objectifs

Le Conseil constitutionnel, créé en 1958, est essentiellement chargé de contrôler la conformité des lois votées par le Parlement aux textes constitutionnels. Juridiction politique par son recrutement, il avait dans l'esprit de son créateur une double fonction :

- Éviter une dérive type 1940 : des lois créant des discriminations raciales, par exemple, seraient aujourd'hui déclarées inconstitutionnelles.
- Calmer le cas échéant les ardeurs réformatrices du Parlement, rôle assuré avec efficacité alternance après alternance.

Le Conseil constitutionnel rend des décisions rapides (un mois maximum) et définitives (aucun recours d'aucune sorte) qui s'imposent à **toutes** les autorités, administratives mais également juridictionnelles.

### b. Composition

Neuf membres (trois désignés par le président de la République, trois par le président de l'Assemblée nationale et trois par celui du Sénat) pour un mandat de neuf ans **non renouvelable**, ce qui constitue une garantie d'impartialité.

### c. Rôle

Il statue sur demande de ces trois personnalités qui les ont désignés ou du Premier ministre, ou encore, depuis 1974, lorsque soixante parlementaires le saisissent, ce qui a entraîné une très nette augmentation des recours.

**Son rôle est particulièrement important en cas d'alternance politique**. La nouvelle majorité, quelle qu'elle soit, s'aperçoit qu'elle ne peut obtenir la promulgation des lois qu'elle veut. Et la nouvelle opposition y trouve l'occasion d'un troisième examen du texte, même si le contrôle du Conseil constitutionnel doit en principe **se limiter à la conformité juridique**.

Comme lui-même le répète régulièrement, il ne lui appartient pas de se substituer aux choix politiques du législateur. « Gouvernement des juges » ? Dans de nombreux pays étrangers, le Conseil constitutionnel a une créativité beaucoup plus importante : ainsi la Cour suprême américaine doit faire évoluer une Constitution vieille de deux siècles.

## 3 LES TRAITÉS RATIFIÉS

Cette deuxième source est en passe de devenir la première, en raison de l'**intégration** de la France dans l'**Union européenne**.

### A. TRAITÉS INTERNATIONAUX

• **L'essentiel est aujourd'hui constitué de traités bilatéraux** entre la France et un pays étranger (en matière fiscale par exemple, afin d'éviter la fraude comme une double imposition). **Mais les traités les plus vivants aujourd'hui sont multilatéraux** et ont créé des **institutions** à vocation mondiale : ainsi de la création de l'ONU à San Francisco en juin 1945, ou de l'Organisation mondiale du commerce (ex-GATT) à Marrakech en avril 1994.

• **L'article 55 de la Constitution donne depuis 1958 au traité ratifié par le Parlement une autorité supérieure à la loi française,** sous condition de réciprocité par l'autre partie.

Cela signifie concrètement que n'importe quel plaideur peut, devant toutes les juridictions françaises, invoquer les dispositions **précises** d'un traité répondant à ces conditions, même si elles sont contraires à une loi française **antérieure** mais aussi **postérieure,** signe évident de la supériorité du traité.

### B. TRAITÉS RÉGIONAUX ET UNION EUROPÉENNE

Traité de Paris (1951) créant la Communauté européenne du charbon et de l'acier (CECA), traité de Rome (1957) créant la Communauté économique européenne (CEE) puis traité de Maastricht (1992) créant l'Union européenne (UE). Bientôt peut-être encore un autre traité remodelant l'Europe des Six devenus Douze, puis Quinze en 1995 : la montée en puissance de l'Europe communautaire s'est faite lentement.

Ces accords interétatiques sont cependant fondamentalement différents des traités créant des institutions internationales (ex. : ONU) : **ils ont en effet créé les institutions internes d'une communauté d'États.**

Conseil des ministres de la Communauté, Parlement ou Cour de justice de Luxembourg constituent les organes de la

Communauté européenne, à qui tous les États membres ont reconnu le droit de leur imposer des normes en matière économique et monétaire, en particulier depuis Maastricht.
On passe ainsi de l'**inter**nationalité à la **supra**nationalité.

### a. La Communauté est avant tout un phénomène de droit

Si l'Europe n'a pas (encore) d'armée, de diplomatie ni de monnaie communes, elle existe depuis longtemps sur le plan international comme national grâce à la puissance créatrice du Droit. En dehors de tout rapport de forces (soumission de l'adversaire suite à une victoire guerrière : *Vae victis*), chaque État membre a librement choisi de participer à sa construction, facteur de paix interne, d'équilibre politique mondial entre la Russie et les États-Unis, mais également de compétitivité économique (première puissance du monde sur ce terrain). L'Union européenne reste aujourd'hui une construction avant tout juridique.

### b. La connaissance d'un minimum de droit communautaire est une impérieuse nécessité

**Exemple positif :** un importateur parisien de téléphones se voit dresser 2 302 contraventions pour vente de matériel non agréé par France Télécom. Alors que le droit français semblait devoir le condamner automatiquement à 2 302 amendes, il a invoqué le droit communautaire qui contrôle étroitement les agréments, forme bien connue de protectionnisme déguisé.
Après avoir questionné la Cour de justice de Luxembourg qui avait trouvé le 27 octobre 1993 curieux que l'autorité chargée de l'agrément soit également son concurrent, la Cour de cassation a donné raison le 21 février 1994 au chef d'entreprise. Le juge français doit écarter, dans un litige entre Français, la règle française au profit des normes communautaires qui lui sont supérieures.
**Exemple négatif :** une société vient de concevoir une machine dont le mode de fonctionnement est une petite révolution (productivité multipliée par deux). Sa mise sur le marché mondial doit intervenir dans les six mois, et le service des ventes est euphorique. Un mois avant cette échéance est publié un règlement communautaire relatif à la sécurité intégrée des machines réputées dangereuses, et le produit en question n'est pas conforme aux normes édictées : aucun client de l'Union européenne n'achètera ce matériel. Faillite de l'entreprise qui avait tout misé sur ce produit.

« Gouverner, c'est prévoir. » Comme en matière technologique, **les entreprises doivent effectuer une veille juridique.** C'est-à-dire se tenir constamment au courant de l'évolution des règles nationales, mais également des travaux de Bruxelles dans le domaine qui est le leur : les dix mille lobbyistes chargés par les groupes de pression économiques de faire le siège des institutions communautaires ne s'en plaignent pas.

**L'omniprésence du droit communautaire étant en train de devenir omnipotence**, intégration oblige, il convient d'examiner attentivement les **institutions** (▶ **chapitre 4**), puis les **normes communautaires** (▶ **chapitre 5**).

Il vous appartient également de vous tenir informé des évolutions de l'Union européenne (ex. : élargissement aux ex-pays socialistes), comme des conséquences institutionnelles qui peuvent en découler (vingt pays à des niveaux différents de développement peuvent-ils encore avancer ensemble, ou ce nouvel élargissement ne conduit-il pas inéluctablement à une Europe à deux vitesses ?).

Mais la Conférence intergouvernementale (CIG) qui doit réfléchir à ces questions courant 1996 ne semble pas devoir proposer des modifications radicales.

Créées par le traité de Rome du 25 mars 1957 signé par six pays, elles ont dû évoluer pour deux raisons :

- **L'élargissement à neuf, douze, puis quinze depuis 1995** (et sans doute vingt-deux en 2015) a contraint les États membres à les faire évoluer : ainsi la règle de l'unanimité qui était le principe pour la construction consensuelle d'une Europe à six devient ingérable à quinze.
- **Le but ultime étant les États-Unis d'Europe**, leur rôle a été sans cesse renforcé, même si le traité de Maastricht de 1992 a posé le principe officiel de la **subsidiarité** (la Communauté ne doit intervenir que dans les domaines où les actions nationales seraient insuffisantes) pour donner des gages aux euro-sceptiques, puissants dans tous les pays.

En 1996, la Conférence intergouvernementale (CIG) doit proposer à l'ensemble des États membres une réforme de ces institutions, destinées à accueillir bientôt d'autres États : mais les modifications seront sans doute limitées.

La Communauté compte quatre organes essentiels : le Parlement européen **(A)**, le Conseil de l'Union européenne **(B)**, la Commission de Bruxelles **(C)**, et la Cour de justice des Communautés européennes **(D)**.

## A. LE PARLEMENT EUROPÉEN

### a. Composition

Élu pour cinq ans au suffrage universel direct depuis 1979, il compte, depuis 1995, 626 députés européens, leur nombre étant grosso modo fonction de la population du pays visé (ex. : Allemagne : 99 [pour éviter 100] ; France, Italie, Royaume-Uni : 87 ; mais Irlande : 15 ; Luxembourg : 6).

Il siège une semaine par mois à Strasbourg pour les sessions plénières, mais des sessions particulières ont lieu à Bruxelles, ce qui facilite le travail avec la Commission.

Son titre officiel (« Parlement ») est néanmoins trompeur, car son rôle n'a pas grand-chose à voir avec celui des Parlements nationaux qui, littéralement, « font la loi » (« législateur », ▶ *infra*).

### b. Rôle

Malgré son sensible renforcement par le traité de Maastricht (« déficit démocratique » des autres institutions oblige), le rôle du Parlement européen reste dans la pratique limité : essentiellement **concertation** avec les organes décisionnels que sont le Conseil et la Commission. Mais également :

- **procédure lourde et complexe de codécision** Parlement-Conseil dans certains domaines importants (marché intérieur, politique sociale ou protection du consommateur) ;
- **pouvoir accru sur la Commission**, puisque les députés européens, après audition des dix-neuf commissaires et de leur président, procèdent à un vote **d'investiture globale** de cette dernière, qu'ils peuvent ultérieurement renverser par un vote à la majorité des deux tiers : ce seuil volontairement élevé rend cependant cette censure quelque peu théorique.

L'absence de grands ténors politiques nationaux, la faiblesse de son administration et sa tradition de recherche du consensus à tout prix (agrémentée de pratiques souvent extrêmement politiciennes) font du Parlement européen un organe de réflexion et de contrôle plus que de décision.

## B. LE CONSEIL DE L'UNION EUROPÉENNE

Souvent confondu avec l'organe d'impulsion politique qu'est le **Conseil européen**, assemblée des chefs d'État et de gouvernement qui se réunit au moins deux fois par an, le **Conseil de l'Union** est plus connu sous l'appellation de « Conseil des ministres ».

### a. Composition et fonctionnement

Présidé à tour de rôle et pendant six mois par chacun des États membres, il est composé d'**un représentant de chaque pays** habilité à engager son gouvernement, et réunit en principe les quinze ministres des Affaires étrangères (« Conseil général »). Mais pour les réunions relatives à des thèmes spécifiques, **chaque ministre en charge** du domaine en question (ex. : agriculture, travail, économie) se rend à Bruxelles (« Conseil spécialisé », ex. : les fameux « marathons agricoles » qui durent trois jours et trois nuits).

#### b. Le rôle du Conseil des ministres est primordial

Il constitue le gouvernement mais aussi le véritable législateur de la Communauté, cumul peu banal de fonctions essentielles.
Selon le traité de Maastricht : « Il donne à l'Union les impulsions et les orientations nécessaires. »
C'est par exemple le Conseil qui initie les politiques nouvelles, puis adopte les normes que sont les règlements ou les directives communautaires. Mais c'est également lui qui assure la coordination entre les États membres et la Communauté, et qui gère les relations extérieures de celle-ci.

### C. LA COMMISSION DE BRUXELLES

#### a. Composition

Bouc émissaire aussi habituel que facile des politiciens nationaux (« les technocrates de Bruxelles nous imposent... »), la **Commission européenne** se compose, depuis l'élargissement de 1995, de vingt membres, chaque grand pays se réservant la nomination de deux **commissaires**.
Nommés par leurs gouvernements respectifs pour cinq ans renouvelables (durée qui coïncide depuis Maastricht avec le mandat des députés européens), ces commissaires désignent leur **président** avant leur comparution devant le Parlement (Jacques Delors de 1985 à 1995, puis le Luxembourgeois Jacques Santer).
Ce dernier procède à la délicate répartition des postes au sein de la Commission (ex. : affaires sociales, concurrence où s'est illustré le très médiatique sir Leon Brittan, aujourd'hui chargé des relations commerciales).

#### b. Rôle

Contrairement au Conseil des ministres où les intérêts **nationaux** sont officiellement très présents et fort bien défendus, la Commission est l'organe d'une **représentation autonome de l'intérêt commun**.
Ainsi chaque commissaire bénéficie d'un statut le rendant totalement indépendant de son pays d'origine, et cette fonction est incompatible avec tout mandat politique d'importance.
La Commission est puissamment secondée par une administration permanente, avec au sommet vingt-trois directions générales spécialisées (ex. : DG V = Direction générale de l'emploi et

des affaires sociales), employant au total plus de dix-sept mille fonctionnaires titulaires (dont plusieurs milliers de traducteurs pour les dix langues utilisées).

**La triple attribution de la Commission** en montre le rôle central :

- **La Commission de Bruxelles est gardienne des traités.**

Son surnom de « chien de garde de la Communauté » n'est pas inexact, puisqu'elle contraint tous les États à respecter le droit communautaire auquel ils ont souscrit. Elle suit ainsi leurs efforts pour transposer les directives européennes, et, le cas échéant, a le pouvoir de poursuivre les infractions par une action en manquement qu'elle engagera devant la Cour de Justice de Luxembourg (▶ *infra*).

- **La Commission représente la principale force de proposition parmi les organes communautaires.**

Institution puissante par ses moyens et ses effectifs (où les Français sont très présents), elle est par ailleurs une des rares institutions permanentes et joue un rôle essentiel dans la préparation, la rédaction et la mise en œuvre des textes, après l'impulsion politique donnée par le Conseil des ministres. En 1994, par exemple, elle a transmis au Conseil 558 propositions et quelques 272 communications ou rapports.

- **La Commission est enfin l'organe d'exécution des choix communautaires.**

Elle assure à la fois la gestion financière de l'ensemble de l'Union européenne (526 milliards de francs prévus pour 1996, la contribution française s'élevant à 89 milliards), et l'exécution des mesures de portée générale (règlements) ou particulière (contrôle des ententes dans un pays) décidées par celle-ci.

### D. LA COUR DE JUSTICE DES COMMUNAUTÉS EUROPÉENNES

Ce nom qui évoque l'origine de la CJCE semble en faire un juge classique, spécialisé dans le droit communautaire. Il n'en est rien.

La CJCE a été la « locomotive de l'intégration européenne », et la construction communautaire a avancé à coups d'arrêts. Car ce quatrième organe constitue le **seul et unique pouvoir juridictionnel communautaire**, pouvoir souverain et suprême puisque ni les États, ni les autres institutions ne peuvent toucher à sa jurisprudence sans modifier les traités : hypothèse difficilement concevable.

**La CJCE a toujours été à la pointe de la construction de l'Europe,** grâce à une vision pour le moins créative de sa propre compétence, et une interprétation dynamique du droit communautaire, délibérément favorable à une complète intégration. Ses positions en flèche ont parfois indisposé certains États, et souvent l'opinion publique de plusieurs d'entre eux.

### a. Composition

La CJCE est composée de juristes de très haut niveau, désignés par leur gouvernement pour un mandat de six ans renouvelable : depuis 1995, quinze juges du siège et neuf avocats généraux, avec à leur tête un président librement choisi par ses pairs.

Il n'est pas vraiment surprenant que soient choisis par les États membres des magistrats (pour la France : Cour de cassation ou Conseil d'État) aux convictions européennes fortes, ce qui explique en partie la jurisprudence en flèche de la Cour.

En raison de l'afflux des recours dû à la montée en puissance comme à l'élargissement régulier de l'Union, a été créé en 1989 le Tribunal de première instance.

### b. Les attributions de la CJCE

**Les trois voies de recours essentielles** sont ordonnées autour d'une fonction unique : **assurer le respect du droit communautaire, dont elle a le monopole de l'interprétation.**

- **La question préjudicielle** posée à la Cour est la plus importante pour la construction européenne, car l'Europe serait menacée d'éclatement si le juge français interprétait les textes communautaires dans un sens différent de son collègue allemand ou portugais, aboutissant à des jurisprudences nationales divergentes au nom d'un nationalisme juridique toujours bien présent.

**La CJCE a donc le monopole de cette interprétation,** à travers le mécanisme de la **question préjudicielle** posée à la Cour de Luxembourg.

Pour éviter les milliers de demandes pouvant émaner des citoyens de la Communauté, seuls les juges nationaux peuvent la saisir d'une demande en interprétation d'un texte communautaire, **si bien sûr** ils ont un doute à ce sujet. Dans la plupart des cas, il s'agit de la compatibilité entre un texte national et l'interprétation d'un règlement ou d'une directive communautaires.

Ainsi de l'arrêt du 25 juillet 1991 relatif à l'égalité de traitement homme/femme. Un employeur alsacien s'était vu dresser procès-verbal car il avait fait travailler des femmes la nuit, pratique interdite dans l'industrie par le Code du travail français. Le tribunal de police saisi s'était vu opposer le principe communautaire d'égalité (directive du 9 février 1976). Ce juge a donc saisi la CJCE d'une question préjudicielle. La CJCE ayant répondu que ce principe devait conduire à écarter toute pratique discriminatoire, le tribunal de police a finalement relaxé l'employeur, alors que les textes français prévoyaient de lourdes amendes.

**La CJCE ne tranche donc jamais de litige** entre X et Y : à la question abstraite du magistrat d'un État membre, il répond par une **règle générale d'interprétation** d'un texte communautaire, interprétation qui s'impose au juge national afin d'assurer une parfaite uniformité sur tout le territoire de l'Union.

Cette fonction vitale pour la construction européenne constitue l'essentiel du travail de la CJCE : depuis 1958, ce sont plus de trois mille demandes de ce type qui lui ont été adressées (aujourd'hui un recours sur deux environ).

• **Le recours en manquement vise à contraindre un État membre à respecter ses engagements** vis-à-vis de la Communauté. L'exemple le plus banal est la non-transposition d'une directive dans les délais prescrits.

Après que la Commission a procédé à une enquête sur le sujet, la CJCE est saisie et peut, depuis Maastricht, non seulement condamner l'État en cause sur le plan des principes, mais également lui infliger le versement d'une somme forfaitaire ou une astreinte.

Après une période de condamnations fréquentes, la France figure aujourd'hui parmi les meilleurs élèves de la Communauté, et gagne même un procès sur cinq engagé contre elle.

• **Le recours en annulation** permet enfin à la CJCE de statuer sur la légalité des actes de la Commission ou du Conseil, à la demande d'un État, mais également de l'un de ces organes visant un acte d'un autre organe.

Elles sont au nombre de quatre, de portée tout à fait différente.

## A. LE RÈGLEMENT

Véritable « loi communautaire », donc général et impersonnel, le règlement a deux caractéristiques essentielles :

- **Il est directement et immédiatement applicable dans** (et non **par**) **l'ensemble des pays membres**, après sa parution au *Journal officiel des Communautés*. Contrairement à la directive (▶ *infra*), aucun acte de transposition dans le droit national n'est nécessaire, ni même possible, sans s'attirer les foudres de Bruxelles : le règlement engendre automatiquement des droits et des obligations pour les États, les entreprises, voire les particuliers (ex. : jachère obligatoire en matière agricole).
- **Il est en second lieu obligatoire dans tous ses éléments**, ce qui interdit une application nationale partielle, hypothèse qui pourrait être fréquente en raison de l'opposition qu'avait manifestée l'État en question lors de son adoption, ou pour des raisons politiques internes (ex. : violente manifestation des agriculteurs français, alors que l'Union européenne apporte dans ce domaine une contribution financière supérieure à celle du ministère de l'Agriculture).

Ces deux caractéristiques très contraignantes vis-à-vis des États membres (qui ont cependant été associés à la rédaction du texte, mais jugent parfois bien utile de faire de Bruxelles un bouc émissaire vis-à-vis de leur opinion publique) font du règlement un instrument rigide et uniforme, parfois jugé inadapté aux spécificités nationales.

## B. LA DIRECTIVE

**a. Comme leur nom l'indique**, les mille sept cents directives existantes se contentent en principe de donner une **direction à suivre aux États membres, à charge pour eux de transposer dans leur législation nationale ces « directives »** dans le délai fixé (souvent un ou deux ans). En clair, il appartiendra au législateur français de faire voter une loi ou au gouvernement de prendre un règlement de **transcription** de la directive dans le droit national.

Cette technique souple de rapprochement des législations nationales, qui laisse à chacun le choix de la forme et des moyens pour y parvenir, oppose règlement et directive : cette dernière a en effet besoin du relais de chaque État pour recevoir une application concrète (« législation à double étage »).

**b. Que faire si un État membre ne transpose pas une directive dans les délais fixés,** hypothèse qui n'est pas d'école ?

- Cet État sera tout d'abord rappelé à l'ordre par la Commission puis, le cas échéant, condamné par la Cour de justice des Communautés (action en manquement, souvent à l'initiative d'un autre État, concurrent sur le plan économique).
- Un particulier pourra, de façon exceptionnelle, l'invoquer directement devant les tribunaux français :

– **effet dit « vertical »** : si son adversaire est l'**État fautif,** car ce dernier ne doit trouver aucun avantage dans son non-respect du droit communautaire ;

– **effet dit « horizontal »** : une directive ne peut être en principe invoquée dans un procès **entre particuliers ou entreprises.**

Aujourd'hui, beaucoup de directives ressemblent, par leur longueur et leur souci du détail, à des règlements (ex. : directive de 1983 « relative à l'antiparasitage des luminaires avec démarreur pour éclairage à fluorescence »). Parmi la centaine adoptée chaque année, nombreuses sont celles qui exigent en pratique une **transcription** plutôt qu'une **transposition** dans les droits nationaux. Leur négociation ayant donné lieu à de sérieuses frictions, chacun a cherché à faire préciser les obligations communes : les directives en principe **cadres** deviennent alors des directives **fleuves.**

### C. LA DÉCISION

Visant précisément un État (suppression d'une taxe), voire une entreprise (interdiction d'une entente), la décision s'oppose au règlement comme à la directive par son caractère individuel : elle régit des cas particuliers, mais reste obligatoire dans tous ses éléments.

### D. LES AVIS

Ils constituent des opinions de la Commission et ne lient en principe personne, tout comme les **recommandations** (suggérant simplement un comportement à ses destinataires). Cet **effet non contraignant** dans l'immédiat ne doit cependant pas faire illusion : ces textes constituent souvent les premiers pas d'une directive ou d'un règlement futurs, et États comme entreprises doivent y être attentifs.

### E. NORMES NATIONALES ET NORMES COMMUNAUTAIRES

Comme nous l'avons vu avec l'arrêt sur le travail de nuit des femmes, la **compatibilité** entre les normes françaises et les normes communautaires pose parfois problème.

**En cas d'incompatibilité, laquelle doit retenir le juge français saisi ?**

Si la Cour de cassation avait dès l'origine accepté la primauté du droit communautaire, le Conseil d'État n'avait pas admis, jusqu'à l'arrêt Nicolo de 1989, qu'une loi française **postérieure** à un texte communautaire puisse se voir totalement privée d'effet. La question est aujourd'hui réglée.

**Que le texte national soit antérieur ou postérieur à la règle communautaire ne change rien : le droit communautaire s'impose au texte national contraire**, ce qui peut amener un juge français dans un litige entre citoyens français à écarter l'application de la loi française elle-même. Situation impensable il y a vingt ans, et qui a nécessité la modification de la Constitution intervenue le 26 juin 1992.

Vos parents étaient citoyens français ; vous serez citoyen de l'Union européenne, avec par exemple un passeport et une monnaie communautaires qui vous permettront de circuler sans aucune difficulté en Allemagne comme au Portugal, en Autriche comme en Grande-Bretagne.

Cette proximité des États-Unis d'Europe vous oblige à bien connaître le droit qui sera bientôt le vôtre. Avantage considérable par rapport à vos parents : votre connaissance des directives et règlements fondamentaux vous permet de connaître l'essentiel des règles applicables en Italie comme en Espagne, en Autriche comme en Grèce.

# 6 LOI ET RÈGLEMENT

## 1. LA LOI

Après dix siècles de monarchie absolue, la loi fut magnifiée après la Révolution française comme expression de la souveraineté nationale, qui appartient au peuple qui l'exerce par l'intermédiaire de ses représentants élus (le « législateur »).
Mais après les errements du Parlement sous la IVe République, **la loi *stricto sensu* connaît un double affaissement depuis 1958 :**
Par la Constitution de la Ve République, le général de Gaulle a tout d'abord **restreint son domaine**, tout en élargissant celui du règlement afin de **rééquilibrer le couple législateur** (Parlement)/ **exécutif** (gouvernement) en faveur de ce dernier, plus à même selon lui de réagir rapidement dans un monde en changement permanent et rapide.
**Cette omniprésence du pouvoir réglementaire** est actuellement complétée par la **montée en puissance de la législation communautaire.** Comme nous venons de le constater, le règlement émanant de Bruxelles passe au-dessus du Parlement, puisque directement applicable. Et des directives de plus en plus précises le contraignent à légiférer dans un sens et un délai donnés, parfois avec des dispositions intangibles.
Si l'on y ajoute la menace d'une déclaration d'inconstitutionnalité de la part du Conseil constitutionnel, on comprend mieux le dépit actuel de députés ou de sénateurs ayant cru pouvoir mettre en œuvre la célèbre phrase de Churchill : « Le Parlement peut tout faire, sauf changer un homme en femme. »
Deux points essentiels seront abordés, dans un ordre chronologique : **l'élaboration de la loi (A)** puis son **application (B).**

### A. ÉLABORATION DE LA LOI

Si pour le non-juriste « la loi » correspond à l'ensemble des règles juridiques – loi, règlement, voire jurisprudence (c'est le sens de l'adage : « Nul n'est censé ignorer la loi ») –, la loi **au sens formel** est votée par le législateur, en France le Parlement. Cela ne signifie pas que ce dernier en soit toujours l'auteur initial (**proposition** de loi) : plus de 80 % des lois votées résultent de **projets** de loi, c'est-à-dire de textes conçus par les ministres et leurs services.

### a. Procédure parlementaire d'adoption des lois

• **Passage du projet ou de la proposition devant l'Assemblée nationale**, où les députés (élus au suffrage universel direct pour cinq ans) peuvent proposer des modifications au texte appelées **amendements parlementaires**, l'ensemble étant soumis au vote article par article après avis de la commission parlementaire spécialisée (finances, affaires sociales...) et du ministre compétent. Le texte « voté en première lecture » est alors transmis aux sénateurs (élus pour neuf ans par des grands électeurs : maires et maires adjoints des communes essentiellement), qui l'examinent selon la même procédure.

• **Deux hypothèses se présentent alors :**

**1. Si le Sénat vote en des termes exactement identiques** le texte, celui-ci est définitivement adopté.

**2. Si un seul mot est modifié, une commission mixte paritaire sera réunie**, composée comme son nom l'indique à parité de députés et de sénateurs. Le texte commun finalement adopté, et souvent âprement négocié, sera à nouveau proposé aux deux Assemblées (la « **navette** »).

• **Si, après deux navettes, le Sénat ne cède pas, le seul vote de l'Assemblée nationale entraînera l'adoption** définitive de la proposition ou du projet de loi, dans la version qu'elle aura choisie.

Comme examiné *supra*, le Conseil constitutionnel, **s'il est saisi,** devra se prononcer dans le mois qui suit. Il ne pourra modifier le texte à sa guise, mais rendra le cas échéant une décision d'inconstitutionnalité sur le ou les articles en cause.

### b. Promulgation

**Dans les quinze jours doit intervenir** la promulgation de la loi, par décret du président de la République (le cas échéant amputée de l'article déclaré inconstitutionnel), et enfin sa **publication** au *Journal officiel*, qui en assure la diffusion (aujourd'hui accessible sur Minitel : 3615 JOEL).

## B. APPLICATION DE LA LOI

Une loi vient d'être publiée au *Journal officiel* : est-elle applicable aux actes passés ? Aux étrangers résidant en France ? Il convient d'examiner successivement les questions posées par l'application de la loi dans le temps **(a)**, puis dans l'espace **(b)**.

### a. Application de la loi dans le temps

Deux principes, à la fois juridiques et de bon sens, sont à retenir :

- **Principe d'application immédiate de la loi nouvelle**

**La loi, générale et impersonnelle, s'applique à tous** dès sa publication, à moins qu'elle n'en dispose autrement : pour des raisons évidentes d'efficacité mais aussi de concurrence, l'accord ou l'avis des personnes concernées n'est nullement requis (ex. : en matière fiscale…).

**Exception importante** : pour des raisons de sécurité économique, **un contrat reste en principe régi par la loi applicable le jour de sa signature.** Car les contractants ont signé en fonction de cette loi ancienne, et la modifier en cours d'exécution risquerait de déstabiliser toute l'économie de leurs relations. En pratique, cette règle oblige les magistrats à examiner le litige au regard du code de 1956 ou de 1989 (celui applicable à l'époque de la signature du contrat), qu'ils gardent donc précieusement.

**Exception à l'exception** (qui entraîne donc le retour du principe : application immédiate de la loi nouvelle) : **le législateur peut, s'il précise que cette loi est d'ordre public, porter atteinte à ce principe** et faire régir des contrats anciens par la loi nouvelle. Le cas est fréquent en matière de politique économique (ex. : lois successives sur les baux de location : dès la publication de la loi, tous les contractants, nouveaux mais aussi anciens, doivent respecter les nouvelles règles : blocage des loyers).

- **« La loi ne dispose que pour l'avenir. Elle n'a point d'effet rétroactif ».** L'article 2 du Code civil pose un principe essentiel : la **non-rétroactivité des lois**, source de sécurité juridique et donc de compétitivité économique.

**Mais aussi règle de bon sens** : imaginez un instant la situation d'un ex-couple si une loi venait **rétroactivement** supprimer le divorce (personnes divorcées automatiquement remariées, et donc souvent bigames). Ou si un texte rétroactif supprimait les limitations d'augmentation des loyers : les propriétaires pourraient exiger un rattrapage sur trente ans. La rétroactivité est source d'infinies complications pratiques.

**La loi nouvelle ne régit donc que les situations nées après sa publication**, et personne ne peut reprocher à un agent économique de ne pas s'être conformé à une loi non encore publiée.

• **Ce principe connaît cependant une exception de taille : la rétroactivité de la loi pénale plus douce.**
La loi **pénale** est dans tous les pays démocratiques **non rétroactive** : envoyer en prison trois ans après un citoyen qui avait eu à l'époque un comportement licite constitue le propre des États de non-droit. Mais il est une hypothèse où la rétroactivité est favorable au délinquant : **si une loi nouvelle abaisse la sanction** antérieurement fixée (passant par exemple de cinq ans maximum de prison à deux ans), le juge **devra** appliquer ce nouveau barème.
Contrairement à une idée fort répandue, le principe de non-rétroactivité des lois **ne constitue pas un principe absolu, ni même constitutionnel**. La non-rétroactivité de la loi pénale mise à part, le législateur peut décider de rendre une loi rétroactive (ex. : droit fiscal). Mais cela reste exceptionnel, car mal vu par l'opinion publique et source de grandes complications.

### b. Application de la loi dans l'espace

Le droit français est d'**application territoriale** : c'est-à-dire que sur tout le territoire national, citoyens français comme étrangers doivent respecter les lois françaises, quel que soit leur statut personnel (ex. : réfugiés), leur religion ou leurs coutumes, ce qui peut poser parfois des problèmes aux personnes en cause (ex. : polygamie, voire excision).
**Mais cette règle ne souffre pas d'exception** : elle est à l'évidence applicable aux Français à l'étranger, qui doivent respecter les lois ou coutumes locales et ne peuvent invoquer leur loi propre pour y échapper, contrairement à saint Paul, qui avait exigé d'être décapité et non crucifié car citoyen romain (application de sa loi personnelle).

## 2. LE RÈGLEMENT

Il s'oppose classiquement à la loi qui émane du pouvoir législatif. Lui émane du **pouvoir réglementaire**, dont le rôle s'est considérablement accru depuis la Constitution de 1958 (article 37), qui a donné une liste limitative du domaine de la loi. Le décret ministériel est le règlement le plus banal.
**Deux types de règlements** coexistent.

### A. LE RÈGLEMENT D'APPLICATION D'UNE LOI

C'est le plus classique. Si cette dernière fixe les principes applicables (ex. : existence d'un salaire minimal), au règlement d'en définir les modalités pratiques (ex. : niveau du SMIC, ailleurs autorité compétente, formalités, délais).

### B. LES RÈGLEMENTS AUTONOMES

**Le gouvernement peut prendre des règlements autonomes** (autrefois appelés « législatifs » car ils avaient la portée d'une loi) en dehors de la compétence du législateur, après avis du Conseil d'État. Cette possibilité, élargie par la Constitution de la Ve République, est très utilisée en raison de sa simplicité et de sa rapidité.

### C. PRINCIPE DE LÉGALITÉ

Ni le règlement autonome, ni *a fortiori* le règlement d'exécution **ne peuvent contenir des dispositions contraires aux lois existantes ou aux principes généraux du Droit**. Cette soumission, conforme à la hiérarchie des sources que nous sommes en train d'examiner (ex. : contrôle du Conseil constitutionnel sur la conformité des lois non encore promulguées examiné p. 25), sera le cas échéant vérifiée par le Conseil d'État statuant au contentieux qui pourra, après un recours pour excès de pouvoir, annuler la ou les dispositions contraires.

# LA COUTUME



Quelque peu méprisée aujourd'hui, la coutume constituait pourtant la norme juridique la plus classique sous l'Ancien Régime, la « coutume Princesse » de Paris bénéficiant d'un prestige particulier.

« En traversant la France, on change plus souvent de lois que de chevaux » : comme l'avait bien résumé Voltaire, le passage d'une région à l'autre était source de multiples tracas en raison de la modification des règles applicables.

Cette entrave à la vie des affaires avait donc été remise en cause avant la Révolution ; cette dernière a porté le coup de grâce à la coutume, désormais vouée aux gémonies puisque liée à l'Ancien Régime et porteuse de particularismes locaux incompatibles avec la farouche volonté d'unité nationale d'alors.

## A. DÉFINITION DE LA COUTUME

« Pratique répétée et habituelle qui tend à se poser en règle de droit », la coutume est constituée de deux éléments.

**Élément matériel** : la répétition et la généralité sur longue période, évoquées par l'adage « une fois n'est pas coutume ». S'il est des coutumes millénaires ou centenaires, il suffit aujourd'hui d'une génération (vingt ans) pour aboutir à une telle création qui devient alors source d'obligations.

**Élément psychologique** : le comportement en question est perçu comme obligatoire par l'opinion ou le groupe visé (ex. : Sainte-Barbe, jour chômé et payé pour les mineurs). Cet élément est donc indissolublement lié au premier.

## B. EFFETS DE LA COUTUME

La répétition créant l'obligation, un agent économique pourra, comme Jeannot Lapin de la fable de La Fontaine, « alléguer la coutume et l'usage » afin de continuer à bénéficier de l'avantage en question. A la condition cependant qu'aucun texte supérieur – et ils sont nombreux : traités, lois, règlements – ne contredise cette tacite et donc fragile source.

Si la coutume a dû peu à peu céder le pas aux autres sources directes du Droit qui se sont multipliées, les « usages » restent

très présents en droit commercial (*a fortiori* international car les textes sont rares) comme en droit du travail.
Ainsi une prime de fin d'année versée depuis vingt ans à l'ensemble des salariés d'une société **en l'absence de toute obligation écrite (contrat individuel ou convention collective)** doit continuer à être versée même si l'employeur la trouve trop coûteuse. S'il désire y mettre un terme, il devra dénoncer officiellement cet usage, avec un délai de prévenance et une lettre individuelle adressée à chaque salarié.

### C. FIN DE LA COUTUME

Dernière des sources directes, la coutume peut disparaître d'elle-même, en n'étant peu à peu plus appliquée.
**Mais l'irruption d'un texte supérieur peut la tuer d'un mot** : ainsi une loi, ou une convention collective en droit du travail, peuvent y mettre un terme en principe définitif.
**En principe car une coutume ancestrale peut dans les faits perdurer malgré un texte supérieur contraire** (l'habitude est tenace). Mais il va de soi qu'en Droit ou devant la justice, elle a définitivement disparu et ne pourra donc être valablement invoquée.
Si la coutume est devenue en France la plus modeste des sources directes du Droit, elle demeure cependant la règle de base de vie en société dans de très nombreux pays en voie de développement.

Ces sources sont indirectes : elles doivent le cas échéant céder le pas aux sources directes, et ne peuvent être invoquées avec autant d'efficacité devant les tribunaux. Alimentant cependant le fleuve « Droit », elles sont au nombre de trois. Par importance décroissante : la jurisprudence **(A)**; la doctrine **(B)**; la pratique **(C)**.

## A. LA JURISPRUDENCE

### a. Définition

La jurisprudence est constituée par l'ensemble des décisions rendues par les plus hautes instances juridictionnelles françaises, en particulier la Cour de cassation (droit privé) et le Conseil d'État (droit public).

**Associée aux sources directes, elle constitue « le droit positif »** : un justiciable connaissant à la fois la règle applicable et la façon habituelle dont les tribunaux la mettent en œuvre peut savoir précisément quelle ligne suivre, et connaître à l'avance l'issue d'une éventuelle action juridictionnelle.

Si elle représente la source essentielle du Droit dans les pays anglo-saxons (« règle du précédent »), la jurisprudence n'a en principe dans notre pays qu'un rôle secondaire.

Sans tomber dans les excès de Cambacérès (« le juge doit être l'esclave des lois »), on peut remarquer qu'il ne revient pas en principe aux magistrats d'interpréter le Droit, voire de le créer. Ils doivent avant tout l'**appliquer** (Montesquieu : « Le juge est la bouche de la loi »).

En droit privé, ils rendent donc des décisions sur des cas particuliers, et les **« arrêts de règlement »** leur sont interdits par l'article 5 du Code civil : c'est-à-dire qu'ils ne peuvent à l'occasion d'une affaire en profiter pour édicter, à l'instar du législateur à qui ils sont subordonnés, une règle générale et impersonnelle applicable dans le futur à tous les cas semblables.

### b. La connaissance de la jurisprudence est aujourd'hui essentielle

Pourquoi est-il si important de connaître la jurisprudence (cf. dans le Code civil, de commerce ou du travail les pages entières d'arrêts qui suivent, en colonnes verticales, chaque article) ?

C'est que la loi, par son caractère à la fois négocié en amont et général par nature, peut être vague, imprécise, voire carrément absente (ex. : avant 1993, intrusion dans le fichier informatique d'un tiers). Le justiciable ne peut donc, à sa simple lecture, avoir une solution à son problème.

En droit de la famille, qu'est-ce par exemple que « l'intérêt de l'enfant » à l'occasion d'un divorce ? En droit du travail, une « cause réelle et sérieuse de licenciement » ? En droit des affaires, à partir de quand peut-on parler « d'abus de position dominante » ? Que représente exactement « l'intérêt de l'entreprise » ? Sans l'apport, arrêt après arrêt, de la jurisprudence de la Cour de cassation ou du Conseil d'État, l'insécurité juridique serait grande pour les usagers du Droit que nous sommes tous.

Grâce au contraire à une **jurisprudence constante** de ces deux hautes juridictions, chacun peut se faire une idée précise des exigences du Droit positif. D'où le succès des dizaines de revues juridiques, générales ou spécialisées, commentant au fil des semaines les principaux arrêts rendus, que l'on trouve maintenant en temps réel sur les banques de données juridiques accessibles par Minitel (à des tarifs très variables : attention ! Voir l'annuaire des services, ou taper MGS).

Mais il ne faut pas tomber non plus dans le travers de nombreux étudiants cultivant le **culte du dernier arrêt publié** : l'essentiel du Droit reste la loi, qui peut d'un mot faire disparaître un siècle d'une jurisprudence jugée dépassée ou inefficace.

Car cette source ne bénéficie pas de la (relative) permanence des lois et règlements. **Les revirements de jurisprudence** ne sont pas exceptionnels, souvent justifiés par une loi nouvelle ou une nécessaire évolution sociale, économique voire technologique. Même s'ils sont généralement annoncés dans les arrêts qui précèdent par de sensibles infléchissements, ils constituent une source d'insécurité juridique pour le citoyen : un code de l'année passée lui donnera une solution inexacte. S'il est en procès, il risque de perdre alors que la jurisprudence antérieure, qu'il avait bien sûr examinée avec soin, lui promettait le succès : dans ses effets, un revirement a des effets rétroactifs.

### c. Fonctions de la jurisprudence

La jurisprudence a pu être décrite comme une « source masquée du Droit », car si le juge est censé avant tout l'appliquer, il est souvent obligé d'**interpréter** la loi, voire d'y **suppléer**.

- **Pouvoir d'interprétation de la loi**

Comme certains grands acteurs de théâtre pouvant donner un sens tout différent à certaines phrases à partir d'un même texte (cf. Fernandel : « Tout condamné à mort aura la tête tranchée »), le juge peut dans l'interprétation qu'il fait d'une loi ou d'un décret modifier considérablement la portée de celui-ci.
Ce **pouvoir créateur** est encore renforcé par la complexité des lois actuelles, qui font souvent appel à des notions standard (intérêt de l'enfant, de l'entreprise), le législateur laissant cette fois **délibérément** une très large place à l'interprétation du juge.

- **Suppléance éventuelle de la loi**

Il arrive que le juge doive statuer sans loi, car le litige qui lui est soumis n'est réglé par aucun texte légal ou réglementaire.
La première solution qui vient à l'esprit, le refus de juger, lui est formellement interdite : il s'agirait d'un **déni de justice** pour le citoyen. Le juge doit donc juger, créer une solution juridiquement correcte à partir de principes généraux, et s'y tenir par la suite.
Dans cette hypothèse, **le juge devient source de droit**.
C'est le cas par exemple du Conseil d'État, qui a construit arrêt après arrêt le droit administratif français. Ne pas connaître sa production revient à méconnaître l'essentiel des règles applicables en la matière.
Le juge peut donc être source de droit, **mais source à élaboration lente, également fragile et souvent éphémère**, car la solution qu'il a retenue ne plaira pas toujours. Le législateur peut alors être saisi, afin qu'il entérine définitivement, modifie légèrement ou brise totalement l'acquis jurisprudentiel : les exemples sont nombreux, parfois même provoqués par la jurisprudence qui, en appliquant strictement un texte inadapté, oblige le législateur à intervenir sous la pression de l'opinion publique.

## B. LA DOCTRINE

L'opinion publiée de professeurs de droit, d'éminents magistrats ou d'avocats spécialisés ne s'impose jamais au juge, à quelque niveau que ce soit.
Cela ne signifie pas que leur influence sur le législateur comme sur le juge soit nulle.

#### a. Influence sur le législateur

Si l'on écarte la présence de professeurs de droit dans les assemblées parlementaires ou le Conseil constitutionnel, où ils interviennent en tant qu'acteurs très présents (de l'ex-garde des Sceaux Jean Foyer à l'ancien président du Conseil constitutionnel Robert Badinter), **la doctrine spécialisée est souvent consultée par les rédacteurs des projets de loi** (cabinets ministériels), voire les commissions parlementaires en charge du dossier. L'influence du doyen Jean Carbonnier au cours des années 1960-1975 a été ainsi déterminante dans la rédaction des textes relatifs au droit de la famille.

#### b. Influence de la doctrine sur les juges

- **En amont de la décision**, les plaideurs peuvent demander à l'un des deux ou trois spécialistes reconnus de la matière une **consultation**, qu'ils joindront (si elle leur est favorable) au dossier. Si le magistrat saisi n'est en rien tenu d'y adhérer et *a fortiori* de s'y plier, il est souvent influencé par cette réflexion technique émanant d'une sommité qui a passé l'essentiel de sa vie à étudier cette question.
- **En aval de la décision juridictionnelle**, le **commentaire** sous l'arrêt rendu publié dans l'une des plus prestigieuses revues juridiques peut avoir le même effet sur les jugements futurs. Si l'un des maîtres incontestés de la matière le conforte, c'est sans doute qu'il s'agit d'une bonne décision, en droit comme en opportunité. Si au contraire le commentaire démontre la faiblesse de l'arrêt sur le plan technique, les magistrats ultérieurement saisis de la même question réfléchiront à ces critiques.

### C. LA PRATIQUE

Circulaires ou réponses ministérielles constituent des sources minimes de droit, mais pour les praticiens fort utiles à connaître.

#### a. Circulaires ministérielles

Ces instructions de service émanant d'un ministre et destinées à ses fonctionnaires ne semblent pas concerner le particulier que vous êtes. Et pourtant ?

- **Utilité.** Les sociétés suivent de très près, en droit fiscal comme en droit social, les dizaines de circulaires publiées chaque année par le ministère compétent. Utile mode d'emploi d'une loi obscure bien que récente, elles permettent de connaître la politique du ministre pour les mois à venir. Et les chefs d'entreprise aiment par exemple savoir que le contrôle fiscal va s'accentuer sur les provisions, ou que les inspecteurs du travail sont invités par leur ministre à multiplier les visites d'hygiène et de sécurité.

• **Portée juridique.** La force juridique des circulaires est des plus réduites puisqu'elles ne lient en théorie ni le juge judiciaire ni le juge administratif. En pratique cependant, les magistrats sont sensibles au comportement d'un citoyen qui s'est plié volontairement au sens d'une circulaire.

### b. Réponses ministérielles

A la suite de la question **écrite** d'un parlementaire, le ministre compétent demande à ses services d'établir une réponse, publiée au *Journal officiel.*

• **Utilité.** Conçues à l'origine comme instrument de contrôle du Parlement sur le gouvernement, elles ont souffert de l'introduction des questions orales (et médiatiques) à l'Assemblée nationale, et leur fonction est aujourd'hui beaucoup plus modeste.

Les réponses ministérielles sont pour l'essentiel devenues des consultations juridiques gratuites, souvent à la suite d'une demande d'un électeur dont le député ou le sénateur transforme le contenu pour en faire une question plus générale qu'il pose alors au ministre.

• **Effets.** Sur un point où la position de l'Administration est à la fois fondamentale et mal connue, une réponse ministérielle précise peut être d'un grand secours pratique, particulièrement suite à une loi nouvelle (ex. : droit fiscal).

Mais à l'instar des circulaires ministérielles, elles ne lient pas les juges puisqu'elles ne constituent pas une source directe de droit.

# SECONDE PARTIE
# LA SANCTION DU DROIT

Le Droit est tout à la fois norme de comportement fondée sur des valeurs morales, et système concret d'organisation de la société.

**La crédibilité de l'ensemble du système juridique** est donc basée sur les sanctions que le fautif encourt. Sur ce terrain, l'évolution est sensible, expérience oblige.

**Historiquement, la vengeance privée** a vite montré ses excès. Ne connaissant aucune limite pour sanctionner l'agresseur, elle pouvait se révéler totalement disproportionnée, entraînant une réaction identique en retour.

**Réaction prévisible : il convenait de limiter les acteurs en cause, et les sanctions** possibles. La loi du talion (« Œil pour œil, dent pour dent ») constitue paradoxalement un progrès décisif, sachant que seule une personne extérieure au couple agresseur/agressé pouvait éviter l'escalade. **Le juge était né,** même si sa justice restait approximative en raison de l'absence de règles préétablies.

L'adage « Nul ne peut se faire justice à lui-même » est donc un premier aboutissement.

Les règles juridiques apparaissant peu à peu générales, impersonnelles et permanentes, le rôle de juge fut confié par l'État, dans un but de paix publique et d'impartialité, à des citoyens : la justice **publique** était née.

Ce « tribunal indépendant et impartial », évoqué par l'article 6 de la Convention européenne des droits de l'homme, est aujourd'hui un des éléments déterminant d'un État de droit.

Pour bien connaître la sanction exercée par l'autorité publique en cas de violation de la loi, critère de la juridicité, il convient d'examiner successivement **l'organisation juridictionnelle française** (▶ **chapitres 9 à 13**), puis le procès (▶ **chapitres 14 à 18**).

# PRINCIPES DE L'ORGANISATION JURIDICTIONNELLE FRANÇAISE



Juges judiciaires ou justice administrative, l'organisation des juridictions françaises repose sur **quatre principes,** là encore fruit d'une très longue pratique : l'histoire est le laboratoire expérimental de la législation.

## A. DES MAGISTRATS PROFESSIONNELS

**Nos juges sont en principe des magistrats professionnels.** Ce choix, qui connaît cependant quelques exceptions (tribunal de commerce par exemple), est une garantie de **compétence juridique** (issue de l'enseignement des facultés de droit et/ou de l'expérience acquise).

**Mais aussi d'indépendance à l'égard des plaideurs** : le simple citoyen devenant juge pour quelques jours peut se sentir en effet dépendant de son milieu social ou professionnel, voire tout simplement craindre des mesures de rétorsion.

L'École nationale de la magistrature forme, à Bordeaux, après une licence et un difficile concours l'immense majorité des magistrats **judiciaires**. La France se voit parfois reprocher leur manque d'expérience sinon de maturité à la sortie de l'École : de nombreux pays recrutent leurs magistrats parmi les juristes confirmés.

L'École nationale d'administration, dont est issu l'essentiel des magistrats **administratifs** de tous niveaux, encourt également ce reproche.

## B. COLLÉGIALITÉ

**Les juridictions françaises sont en principe collégiales.** Si l'adage « juge unique, juge inique » apparaît tout à fait excessif, la vulnérabilité comme les risques d'arbitraire d'un magistrat statuant seul apparaissent réels.

Statuer au contraire à trois (chiffre impair évitant le partage des voix) est un gage de **compétence** (multiples savoirs réunis, mais aussi formation sur le tas pour les jeunes), de **pondération** comme d'**impartialité**. En termes d'indépendance, le gain est également appréciable : si pression il devait y avoir, elle devrait s'exercer sur au moins deux magistrats pour être efficace.

Mais en termes budgétaires, la collégialité s'avère onéreuse. Si pour le citoyen la justice n'a pas de prix, elle a pour le budget de l'État un coût et de nombreuses lois récentes ont multiplié les cas de juge unique, en principe pour les petites affaires (tribunal d'instance), ou les litiges extrêmement répétitifs (accidents de la circulation, tribunal correctionnel pour les affaires de chèques sans provision). En pratique, le juge unique est aujourd'hui très fréquent en matière civile, y compris en appel.

## C. GARANTIES D'INDÉPENDANCE

### a. L'indépendance vis-à-vis du pouvoir

**Les garanties vis-à-vis du pouvoir politique ont été renforcées au cours des dernières années.**
**Les magistrats judiciaires**, du moins ceux qui jugent (juges du siège, par opposition à ceux du parquet, ▶ *infra*) bénéficient de l'inamovibilité en vertu de l'article 64 de la Constitution.
**Depuis 1986, le juge administratif, particulièrement exposé en ce domaine** puisqu'il peut être amené à annuler des actes émanant de la puissance publique (ex. : décret, arrêté), **bénéficie d'une protection équivalente** : il ne peut recevoir sans son consentement une affectation nouvelle, même en avancement. Si dans ces deux cas la mutation immédiate à Hazebrouck ou Cayenne est désormais écartée après un jugement qui n'a pas plu en haut lieu, reste à trouver le magistrat inflexible qui ne sera jamais tenté par la promesse d'une rapide promotion : **les garanties de carrière**, qui visent à éviter les ascensions fulgurantes pour les juges couchés ou les amis du pouvoir, sont en pratique tout aussi importantes que l'inamovibilité.
**La loi du 19 juillet 1993 a largement renforcé celles-ci pour les magistrats judiciaires**, avec une profonde réforme du Conseil supérieur de la magistrature créé par la Constitution de 1958. Mais ce dernier reste présidé par le président de la République, qui connaît l'enjeu politique de la nomination des principaux magistrats du pays, bien que la Constitution de 1958 en ait fait le « garant de l'indépendance de l'autorité judiciaire ».
**Les magistrats de l'ordre administratif**, qui jusqu'en 1980 ne disposaient que de faibles garanties statutaires en la matière, représentaient cependant un remarquable exemple d'indépendance. Car le statut n'est rien si les hommes (ou leurs supérieurs

chargés le cas échéant de les couvrir) sont faibles. Pour ces magistrats qui ont montré depuis 1945 une grande indépendance à l'égard du **pouvoir politique**, il conviendrait de mieux assurer leur indépendance par rapport à l'**Administration active** qu'ils ont à juger, mais dont ils convoitent parfois les postes les plus élevés et dont les responsables (y compris juridiques) sont souvent des camarades de promotion de l'École nationale d'administration.

#### b. L'indépendance vis-à-vis du justiciable

A l'égard du justiciable, des sanctions pénales spécifiques visent les menaces comme les outrages. La rémunération du magistrat doit être suffisante pour qu'il n'ait pas la tentation de céder – comme dans de trop nombreux pays – à la corruption.

#### c. L'indépendance vis-à-vis des médias

Au-delà de l'inamovibilité des juges du siège, le secret de l'instruction comme la présomption d'innocence visent à ce que la Justice ne subisse pas la pression des médias et donc celle de l'opinion publique.

Reste à prouver que ce but est atteint.

De ce point de vue, la présence de caméras dans les prétoires est la fausse bonne idée par excellence, alliant naïveté et démagogie. Si la justice doit bien sûr être publique, elle doit également se tenir éloignée de la comédie médiatique pour rester juste (cf. la chaîne américaine Court TV : succession de procès en direct, et ses effets sur l'opinion).

### D. PRINCIPE DU DOUBLE DEGRÉ DE JURIDICTION

« L'erreur est humaine. » Mais une erreur juridictionnelle pouvant avoir des conséquences dramatiques pour le citoyen comme pour toute sa famille, le Droit français a prévu depuis 1810 la faculté pour le justiciable de faire réexaminer son litige par d'autres magistrats, plus anciens et donc en principe plus expérimentés, à qui littéralement « il fait appel ».

Statuant en principe collégialement, les juges de la cour d'appel (judiciaire, mais aussi administrative depuis 1987) vont reprendre toute l'affaire, **en fait comme en droit**.

Ce principe, réaffirmé depuis par des textes internationaux, souffre cependant quelques exceptions.

Ainsi pour les affaires civiles portant sur des sommes de moins de 13 000 francs : jugées « en premier et dernier ressort », elles ne peuvent faire l'objet que d'un pourvoi devant la Cour de cassation, **qui n'examinera que l'application du Droit et ne constitue donc ni un second ni *a fortiori* un troisième degré de juridiction**.
Il en va de même pour la cour d'assises. Si la procédure est à deux niveaux (juge d'instruction, puis chambre d'accusation de la cour d'appel), une réforme est cependant en cours pour la rendre conforme à ce principe, ici particulièrement important s'agissant de la plus grave infraction pénale (le crime) sanctionnée par de lourdes peines de prison.
Ces quatre principes d'organisation examinés, il convient maintenant de se pencher sur l'organisation de la justice en France.

## E. ORGANISATION DE LA JUSTICE EN FRANCE

- De la Justice, ou des Justices ?

**Depuis l'édit de Saint-Germain-en-Laye (Louis XIII, 1641), le système français est dualiste.** Les rois de France ont très tôt refusé que le juge classique (les « Parlements » considérés comme frondeurs) « connaisse des affaires qui peuvent concerner l'État, l'Administration ou le Gouvernement ». Cette crainte de l'immixtion du juge judiciaire se retrouve dans la loi révolutionnaire du 16 août 1790 : ce dernier « ne peut, à peine de forfaiture, troubler de quelque manière que ce soit les opérations des corps administratifs ».
« Je veux instituer un corps mi-administratif, mi-judiciaire qui réglera l'emploi de cette portion d'arbitraire nécessaire dans les affaires de l'État » : la création du Conseil d'État, et particulièrement de sa section du contentieux en 1806, est l'œuvre de Napoléon. Des fonctionnaires jugeront donc l'Administration, ce qui fait souvent douter à l'étranger de l'indépendance de la juridiction administrative française.
Si l'histoire a montré qu'il n'en était rien puisque le Conseil d'État a fait preuve d'une grande indépendance, il n'en demeure pas moins que **ce double ordre de juridiction, spécificité française, est source de multiples problèmes de frontières**.
Ainsi de la célèbre affaire Rosay. A la suite d'un accident de la circulation, la victime s'était vu refuser toute indemnisation par

le juge judiciaire puisqu'il s'agissait d'un véhicule de l'armée, puis opposer la même incompétence par le juge administratif. Ce déni de justice **(conflit « négatif » : absence de juge)** peut se trouver parfois inversé lorsque, sur la même affaire, le juge judiciaire **et** le juge administratif se déclarent tous les deux compétents **(conflit dit « positif »)**, ce qui pourrait entraîner des solutions radicalement différentes pour un même litige : l'existence de deux ordres de juridiction fait alors désordre.

• **C'est la raison pour laquelle a été créé le « Tribunal des conflits »**, composé paritairement de membres de la Cour de cassation et du Conseil d'État, présidé en cas de partage des voix par le ministre de la Justice.

**Comme son nom l'indique, son rôle est limité au conflit de compétence entre les deux ordres de juridiction.**

Cela signifie concrètement qu'en aucun cas il ne tranche le fond de l'affaire qui lui est soumise, mais qu'après examen il la confie au juge judiciaire **ou** au juge administratif.

Ce principe de non-soumission de l'Administration au juge du droit commun (qui, comme en Espagne, en Autriche, en Allemagne ou en Suède, pourrait le cas échéant se spécialiser en droit administratif) fleure bon une conception régalienne de l'action administrative, sans doute aujourd'hui dépassée.

Mais le dualisme juridictionnel a trouvé un puissant allié dans la personne du Conseil constitutionnel qui, dans sa décision du 23 janvier 1987, l'a constitutionnalisée, évoquant « la conception française de la séparation des pouvoirs ».

Si au pays de Colbert et de Napoléon, il convient d'examiner en détail la juridiction administrative, il faut toujours avoir à l'esprit que sa compétence est limitée : l'essentiel du contentieux relève des juridictions judiciaires.

# 10 LA JURIDICTION ADMINISTRATIVE

Si la France n'est pas le seul pays au monde à avoir créé un second **ordre de juridiction** pour les affaires mettant en cause l'Administration et ses démembrements, le Conseil d'État a fait preuve dès l'origine d'une grande autonomie par rapport au droit commun, et a construit de toutes pièces le droit administratif.
A l'étude des **trois niveaux de juridiction (1)** succédera celle des **recours devant le juge administratif (2)**.

## 1. LES TROIS NIVEAUX DE JURIDICTION

Depuis 1987, la pyramide des juridictions administratives **ressemble** désormais, avec ses trois niveaux, à celle des juridictions judiciaires. Cette apparence est trompeuse : les mécanismes demeurent différents, et surtout le Conseil d'État a su garder le contrôle des affaires les plus importantes.

### A. LES TRIBUNAUX ADMINISTRATIFS (TA)

Les vingt-six (et bientôt vingt-huit) tribunaux administratifs de France métropolitaine constituent la juridiction de droit commun concernant l'ensemble du contentieux administratif.

#### a. Composition

Composé de « conseillers » venant, dans au minimum trois cas sur quatre, de l'École nationale d'administration (mais classés très loin derrière leurs camarades qui ont intégré directement le Conseil d'État), chaque tribunal administratif est divisé en chambres spécialisées, elles-mêmes composées d'au moins trois conseillers.

#### b. Compétence

Sa compétence géographique est, à l'instar du juge judiciaire, déterminée par le siège de l'autorité faisant l'objet du recours. Un arrêté du maire ou du préfet de Toulouse sera donc attaqué devant le TA de cette ville.
Mais cette répartition aboutissant de façon prévisible à l'encombrement du TA de Paris (siège de tous les ministères), de nombreuses exceptions ont peu à peu vu le jour. Pour les contrats

administratifs, par exemple, c'est celui du lieu d'exécution du contrat qui sera retenu, et pour les fonctionnaires celui de leur lieu d'affectation.

Chaque année, l'ensemble des TA français statue sur plus de 80 000 affaires, chiffre en constante augmentation du fait de l'étendue toujours croissante de l'action administrative, mais également de la combativité juridique de nombre d'usagers, aggravée depuis peu par l'activisme débordant d'associations plus ou moins représentatives.

La saisine du juge administratif ne nécessitant ni forme ni connaissances juridiques particulières, les TA sont submergés de recours et prennent chaque année davantage de retard : deux ans pour obtenir un jugement n'a rien d'extraordinaire.

Si l'usager mécontent y voit parfois un véritable déni de justice, l'Administration a l'éternité devant elle et le sait fort bien (ex. : faute hospitalière entraînant un grave handicap : le malade a de sérieuses « chances » de décéder avant le jugement). Dans une affaire visant un séropositif ayant contracté la maladie à la suite d'une transfusion sanguine, la Cour européenne des droits de l'homme a condamné la France en 1995 pour ces délais déraisonnables, particulièrement dans ces cas douloureux.

## B. LES COURS ADMINISTRATIVES D'APPEL (CAA)

L'encombrement des tribunaux administratifs risquant de submerger le Conseil d'État, ce dernier a demandé et obtenu en 1987 la création d'un niveau intermédiaire dans un but de filtrage des affaires.

**Les cinq cours administratives d'appel sont présidées par un conseiller d'État** (détail qui montre l'omniprésence comme la volonté de contrôle du Conseil). Elles sont composées de conseillers de tribunaux administratifs affectés dans les deux ou trois chambres de la cour.

**Elles constituent la voie d'appel de droit commun** des jugements des tribunaux administratifs et statuent chaque année sur environ 7 500 affaires. Mais ces chiffres sont pour l'instant à prendre avec précaution, dans la mesure où le législateur a voulu une lente montée en puissance des CAA.

### C. LE CONSEIL D'ÉTAT

**Il constitue la clé de voûte de l'ensemble du système administratif français.**

Siégeant place du Palais-Royal à Paris, il a été créé dans sa forme actuelle par Napoléon et reste fort hiérarchisé. Si protocolairement son président en titre est le Premier ministre, c'est son vice-président qui le dirige réellement. Renaud Denoix de Saint Marc est ainsi actuellement au sommet de la hiérarchie administrative française.

**Chaque formation spécialisée est dirigée par un président de section**, entouré de **conseillers d'État**, arrivés en principe à cette haute fonction par ancienneté après l'École nationale d'administration, dont ils sont sortis parmi les premiers.

Mais un tiers au maximum d'entre eux peut être nommé directement par le gouvernement, si l'impétrant a quarante-cinq ans au minimum. Chaque élection politique malheureuse passée ou alternance future apporte ainsi son lot de nominations dans la limite des (rares) postes vacants, sans aucune condition particulière en matière de connaissances juridiques.

Tous ces conseillers « **en service ordinaire** » ne doivent pas être confondus avec les douze « **conseillers en service extraordinaire** », personnalités qualifiées nommées pour quatre ans au maximum et ne pouvant participer au jugement du contentieux. Traditionnellement, un professeur de droit privé siège ainsi au Conseil afin de l'éclairer le cas échéant sur un point relevant de sa compétence.

**Hiérarchie intermédiaire, les maîtres des requêtes proviennent de l'École nationale d'administration**, un quart au maximum d'entre eux pouvant là aussi être nommé par le gouvernement s'ils ont trente ans au minimum, sans davantage de compétence que dix ans de fonction publique et souvent l'amitié d'un prince.

Au bas de l'échelle mais cependant tout en haut du classement de sortie de l'École nationale d'administration figurent les **trente-quatre auditeurs** au Conseil d'État, aucune nomination extérieure n'étant possible à ce niveau.

Les nominations par le gouvernement « au tour extérieur », discrétionnaires et donc impensables au sein de la juridiction judiciaire, participent en principe d'une volonté d'ouverture du Conseil d'État au monde économique et social. De nombreux non-juristes y sont ainsi entrés, la fonction faisant ensuite

l'homme. A l'inverse, de très nombreux membres du Conseil d'État le quittent provisoirement en cours de carrière pour occuper les plus hauts postes, mobilité avec assurance de retour encouragée par le Conseil d'État pour participer à l'administration active, mais également pour lui permettre de garder le contrôle de postes stratégiques clés. A force de fréquenter ou de juger le pouvoir, les membres du Conseil d'État en maîtrisent parfaitement les règles, ont fini par s'y intéresser de très près et y participent volontiers.
Le **Conseil** d'État a assuré dès l'origine **une double fonction**.

### a. Conseil juridique de l'exécutif

**Ses quatre sections administratives spécialisées** (finances, intérieur, travaux publics, sociale) ont un rôle de **conseil juridique de l'exécutif, inconnu du grand public mais essentiel.**
La centaine de projets de loi annuels comme les six ou sept cents projets de décret « en Conseil d'État » doivent donner lieu à sa consultation, tant sur le plan de la légalité que de l'opportunité (administrative en principe). Ces sections rendent donc, après de longs et parfois houleux échanges avec les membres des cabinets ministériels en charge du dossier, un avis censé rester secret et destiné au seul gouvernement (ex. : termes juridiquement imprécis ou contestables, effets pervers éventuels…). Le ministre compétent peut cependant passer outre à un avis négatif, bien que l'hypothèse soit rare.
Par ailleurs, le gouvernement peut consulter le Conseil d'État sur « les difficultés qui s'élèvent en matière administrative », manière parfois élégante de ne pas prendre de responsabilité politique embarrassante (cf. avis demandé au Conseil sur le port du foulard islamique).
**La cinquième section, dite « du rapport et des études », rédige la bible des étudiants en droit public.** Le rapport annuel du Conseil d'État qui paraît en mai est une mine de renseignements sur la juridiction administrative, et fait des propositions de réforme législative ou réglementaire. Il contient également des études approfondies, parfois incisives (bien qu'en deux parties/deux sous-parties), relatives à des thèmes d'actualité (droit communautaire, décentralisation…).
La section du rapport est enfin chargée, tâche concrètement importante, du suivi de l'exécution des décisions rendues par le juge administratif : point sur lequel certains maires ou ministres ont de gros progrès à faire.

#### b. Seconde fonction : le contentieux administratif

C'est la seule fonction vraiment connue du Conseil d'État.
La sixième section, elle-même divisée en dix sous-sections spécialisées, juge l'ensemble du **contentieux** administratif qui lui parvient.
Il statue en cassation des arrêts rendus par les cours administratives d'appel, mais également directement, en premier et dernier ressort s'agissant des recours pour excès de pouvoir concernant les décrets ministériels, **ou plus généralement les actes de portée nationale**.
Selon l'importance ou la complexité de l'affaire, c'est une, deux ou trois sous-sections réunies qui statuent. Les questions de principe sont jugées par la **section du contentieux** en formation de jugement, **l'assemblée du contentieux** (composée essentiellement du vice-président et des six présidents de section) n'étant saisie que des litiges dont la portée est exceptionnelle : ses arrêts sont évidemment destinés à « faire jurisprudence » (sur environ dix mille décisions rendues par an, quelques dizaines seulement).
Contrairement à la Cour de cassation qui doit examiner dans le détail tous les pourvois qui lui sont transmis, **le Conseil d'État, lorsqu'il statue en cassation, dispose d'une commission d'admission qui élimine plus de 80 % des affaires en amont** : soit parce que le recours est irrecevable, soit parce que les moyens sont manifestement infondés.

## 2. LES RECOURS CONTENTIEUX DEVANT LE JUGE ADMINISTRATIF

### A. LE RECOURS POUR EXCÈS DE POUVOIR (REP)

**Le REP vise pour l'essentiel à obtenir du juge administratif l'annulation d'un acte administratif unilatéral.**
Toute décision faisant grief émanant d'une autorité administrative peut ainsi être déférée, qu'il s'agisse du redressement fiscal visant une entreprise, du refus d'autorisation de licenciement d'un délégué émanant d'un inspecteur du travail ou du permis de construire délivré par le maire à votre voisin, et qui va vous priver définitivement de soleil.

Mais ce contentieux de l'annulation peut également viser les décrets, arrêtés ou circulaires jugés contraires au principe de légalité.

### B. LE RECOURS DE PLEIN CONTENTIEUX (RPC)

Le RPC est plus proche du contentieux privé puisque, si l'on écarte les recours en annulation des actes administratifs non unilatéraux (ex. : contrat administratif), **il s'agit pour l'essentiel de recours en indemnisation.**

En résumé, la responsabilité de l'Administration peut être mise en cause

- **soit sur la base d'une faute** de sa part (ex. : chirurgien d'un hôpital public ayant oublié le scalpel dans l'estomac du patient ; bavure policière patente) ;
- **mais de plus en plus souvent sans faute** afin de mieux protéger les victimes (idée de risque de l'action administrative) : le juge administratif peut condamner l'Administration à réparer financièrement le préjudice subi par le particulier ou une entreprise.

A tous les niveaux de la justice administrative, un « **commissaire du gouvernement** » (terme prêtant à d'aussi grotesques confusions que son alter ego l'avocat général dans les juridictions judiciaires : ce dernier n'est pas plus avocat que le premier n'est commissaire de police) étudie en toute indépendance le dossier sur le plan juridique, et propose une solution dans les **conclusions** qu'il expose aux magistrats administratifs statuant au contentieux.

Si ces derniers ne sont pas obligés de le suivre, la publication fréquente de ces conclusions dans les revues juridiques facilite grandement la compréhension de l'arrêt finalement rendu. Il serait souhaitable que la Cour de cassation fasse de même, et publie les rapports des arrêts les plus importants pour éclairer le justiciable (par commentateur interposé dans l'immense majorité des cas).

# 11 LITIGES DE DROIT PRIVÉ : CONTENTIEUX OU RÈGLEMENT AMIABLE ?

**Chargé de trancher les litiges privés ou de réprimer les infractions commises**, le juge judiciaire français peut être amené au cours de sa carrière à exercer une multitude de fonctions fort différentes. Il sera juge civil puis pénal. Juge du siège **(lui seul juge vraiment)**, puis magistrat du parquet où il représentera la société, ou encore juge d'instruction (pénal). Il siégera au tribunal de grande instance, puis sera nommé dans une chambre spécialisée de cour d'appel, avant de peut-être terminer sa carrière dans une tout autre spécialité à la très convoitée Cour de cassation.

Cette mobilité professionnelle, mais également géographique afin de maintenir (dans la limite de l'inamovibilité des juges du siège) son indépendance à l'égard des pouvoirs locaux, rend la carrière de magistrat attrayante pour l'étudiant passionné de droit.

Il ne doit pas cependant se voiler la face : les six mille magistrats d'aujourd'hui (ils étaient autant en 1914) statuent sur dix fois plus d'affaires que la juridiction administrative, et l'engorgement des tribunaux judiciaires est endémique. Si les délais de jugement se sont améliorés ces dernières années, ils restent en moyenne de cinq mois pour les tribunaux d'instance, de neuf mois pour ceux de grande instance, et de quatorze mois pour les cours d'appel. Certes, la justice ne doit pas être expéditive : mais ces délais demeurent excessifs, particulièrement pour les demandeurs qui ont à se plaindre d'une illégalité.

**D'où la multiplication des modes alternatifs de règlement des litiges, justice douce** (le droit japonais parle de « solution ronde ») **officiellement plus adaptés aux affaires en cause (famille, voisinage, petits délits) et permettant une exécution concrète moins difficile, mais visant surtout à désencombrer les juridictions.**

Deux de ces modes de résolution méritent examen.

## A. L'ARBITRAGE

**a. L'arbitrage constitue une forme de justice privée** tolérée, puis encouragée par la puissance publique. Dès l'Antiquité, les parties à un contrat ou à un litige ayant par exemple créé un dommage ont choisi librement une ou plusieurs personnes ayant leur confiance pour trancher leur différend.

**Cette procédure a plusieurs avantages.**

- En premier lieu sa **rapidité** par rapport à la lenteur de la justice étatique.
- Très utilisé en matière commerciale, l'arbitrage permet également de **ménager le futur** (assigner un fournisseur et *a fortiori* un donneur d'ordres laisse des traces) tout en évitant toute publicité intempestive.
- Cette « justice entre soi » apparaît enfin **adaptée aux litiges très techniques**, où les arbitres connaissent à la fois le milieu et les enjeux.
- En matière de différend international, la durée, la complexité redoutable et les aléas du procès public comme parfois tout simplement l'absence de juridiction incitent fortement à recourir à ce mode de règlement.

**b. L'arbitre n'est pas un juge professionnel**, mais une ou souvent trois personnes librement choisies pour leur compétence et leur impartialité par **toutes** les parties en cause.

**Il peut intervenir dans deux cas distincts.**

- **Prévenir :** les contractants prévoyant dès la signature des difficultés d'exécution peuvent choisir d'inclure dans le contrat une **clause compromissoire**, exclusivement en matière **commerciale** en France. Le nom de l'arbitre éventuel, le mode de sa saisine comme les délais pour statuer ou la répartition des frais figurent donc à l'avance dans le contrat, comme le cas échéant le mode d'intervention : légalité seule ou équité possible ? Dans ce dernier cas, on parle alors **d'amiable compositeur**.
- **Guérir :** si le litige est déjà né, les adversaires peuvent tomber d'accord sur un **compromis d'arbitrage** portant sur les mêmes points.

**c. La sentence arbitrale** finalement rendue est en principe rédigée comme un jugement, **et bénéficie vis-à-vis des parties de l'autorité de la chose jugée** car elles ont accepté par avance de se plier à l'arbitrage rendu. L'exécution de la sentence est d'ailleurs facilitée par cette parole donnée, dans un milieu professionnel où tout finit par se savoir.

Mais à supposer que l'une des parties n'exécute pas la sentence, seul un **tribunal public peut donner la formule exécutoire** et la contraindre à le faire. La partie adverse saisira donc par une demande d'**exequatur** le tribunal de grande instance qui, après avoir vérifié la légalité de la sentence, lui conférera la même valeur qu'un jugement (exécution forcée désormais possible).

### B. AUTRES MODES DE RÈGLEMENT DES DIFFÉRENDS

**Permettant d'éviter le contentieux, la conciliation et la médiation existent également depuis fort longtemps.** Ainsi le conseil de prud'hommes doit, avant de trancher, essayer de trouver une solution amiable devant son bureau de conciliation.
**Si l'arbitre peut imposer sa solution, le conciliateur ne peut que tenter de rapprocher les points de vue.**
**Le médiateur a pour sa part un rôle plus actif, faisant des propositions concrètes de solution.**
La loi du 8 février 1995 a permis d'insérer ces procédures amiables **au sein** du contentieux.
Elle prévoit la possibilité, **pour toutes les juridictions civiles et à tous les stades de la procédure**, de nommer un conciliateur ou un médiateur **si** toutes les parties en sont d'accord. Cette possibilité peut être par exemple utile en matière de conflits collectifs du travail. **Mais elle intervient dans le cadre d'un procès, et non en amont comme l'arbitrage.**
Cette solution consensuelle existe également en matière répressive depuis la loi du 4 janvier 1993 créant la **médiation pénale** : avec l'accord de la victime comme du délinquant, le procureur peut décider de recourir à la médiation à l'occasion de sa saisine pour de petits délits, la victime obtenant par exemple en dehors de tout jugement réparation directe du dommage.

# LES JURIDICTIONS JUDICIAIRES DU PREMIER DEGRÉ



Si elles sont modestes par leur place dans la hiérarchie judiciaire, elles constituent néanmoins le premier – et souvent le dernier – contact du justiciable avec la justice. D'où leur importance pratique, malgré le peu d'intérêt qu'elles suscitent chez les spécialistes qui préfèrent un bon arrêt de la Cour de cassation.

## A. LE TRIBUNAL DE GRANDE INSTANCE (TGI)

Il constitue le tribunal« de droit commun » : cela signifie que sauf texte contraire, tous les litiges de droit privé doivent être portés devant cette juridiction : un plaideur trouvera donc toujours son juge.

Les 181 TGI français, au minimum un par département, règlent plus de 500 000 affaires par an.

Composé d'au minimum 3 magistrats (mais plus de 200 à Paris), dont un président qui a la lourde charge de statuer en référé, le TGI coûtait cher au contribuable pour des affaires d'importance minime et fort répétitives.

Ont donc succédé aux « juges de paix » en 1958 les **473 tribunaux d'instance**, qualifiés parfois de « succursales du TGI pour les petites affaires » : en pratique celles dont l'enjeu est inférieur à 30 000 francs, mais également l'ensemble du contentieux répétitif, comme en matière de baux d'habitation ou de pensions alimentaires.

Justice de proximité à juge unique, les tribunaux d'instance statuent sur plus de 500 000 affaires par an.

## B. LES JURIDICTIONS D'ATTRIBUTION

**Également qualifiées de juridictions d'exception par opposition au TGI, juge de droit commun**, ces juridictions spécialisées ont souvent une origine historique marquée.

Le milieu professionnel auquel elles s'adressent y est donc fort attaché, d'autant plus que cette justice est souvent rendue par certains de ses membres, élus par leurs pairs.

**Toutes ces juridictions d'attribution ont en principe le monopole du traitement judiciaire** des affaires relevant de leur compétence, sans considération ici de seuil financier. Que l'affaire porte sur 2 696 francs ou sur 4 millions de francs, le tribunal de commerce pour les commerçants, le conseil de prud'hommes pour les employeurs et les salariés restent compétents.

#### a. Le tribunal de commerce

Il s'agit de l'une des plus anciennes juridictions connues.
Créée en Italie dès le début du deuxième millénaire à Gênes et Venise, l'idée en fut reprise en France au XVe siècle à l'occasion des grandes foires régionales : il fallait immédiatement régler les litiges éventuels. Par son édit de 1563, Michel de L'Hospital les institutionnalisa à Lyon, Toulouse et Rouen, villes de foires bien connues.
Leur forte légitimité leur permit de survivre à la Révolution, et les 230 tribunaux de commerce français traitent aujourd'hui plus de 280 000 affaires par an.

- **Composition**

Les juges consulaires sont des magistrats non professionnels, élus au second degré par l'ensemble des commerçants et chefs d'entreprise du ressort. Leur premier mandat est de deux ans, forme de période d'essai ; les mandats ultérieurs, en principe limités à trois, ont une durée de quatre ans. Ils siègent en nombre toujours impair, généralement par trois.
Ils élisent en leur sein le président du tribunal de commerce, dont le rôle est particulièrement important dans les grandes agglomérations en raison de la portée économique des décisions qu'il sera amené à rendre, particulièrement en référé.

- **Compétence**

Le tribunal de commerce règle tous les litiges entre commerçants, quelle que soit leur importance financière, mais également lorsqu'un particulier a un différend avec l'un d'entre eux. Mais ce dernier a le choix, et peut choisir le tribunal de droit commun (TGI).
La crise économique a apporté un contentieux énorme en matière de redressement ou de liquidation judiciaires, et le droit des faillites est aujourd'hui son pain quotidien, avec les problèmes humains et économiques qu'elles entraînent.

- Comme toutes les juridictions d'exception, **le tribunal de commerce fait l'objet de nombreuses controverses.**

**A son actif, sa connaissance du terrain** : les juges consulaires connaissent aussi bien les usages de leur secteur d'activité que la crainte des fins de mois et du carnet de commandes vide. Cette proximité du justiciable l'encourage à favoriser la conciliation entre les parties, qui ménage l'avenir et facilite l'exécution de la décision.

Le ministère des Finances apprécie également beaucoup cet énorme travail judiciaire effectué gratuitement par des magistrats bénévoles.

**Côté passif, les connaissances juridiques de certains magistrats récemment élus laissent parfois à désirer** : aucun diplôme particulier n'est exigé pour se présenter.

Mais le reproche majeur fait à cette juridiction non échevinale (aucun magistrat professionnel n'est amené à y siéger) est le **risque de défaut d'objectivité**. D'une part, un juge élu par un groupe restreint d'électeurs peut être parfois tenté de ne pas faire de peine à l'un d'entre eux, particulièrement influent bien que plaideur devant lui.

**D'autre part, le monde économique est un monde de concurrence permanente** : un juge consulaire saisi de la faillite de l'un de ses concurrents mettra-t-il au redressement de l'entreprise tout l'acharnement nécessaire ? A l'inverse, la situation d'un plaideur, ami proche dont la société est en difficulté, ne sera-t-elle pas examinée avec bienveillance ?

En matière de faillite, le petit monde gravitant autour du petit tribunal de commerce ne se plaint guère de la poursuite de la crise qui le fait vivre.

**D'où l'idée récurrente de supprimer cette institution et de confier les litiges commerciaux aux tribunaux de droit commun** (ex. : États-Unis, Italie). Ou encore, solution médiane, faire présider le tribunal de commerce par un magistrat professionnel comme en Allemagne ou en Norvège, ce qui permettrait à la fois un meilleur respect de la règle juridique et une impartialité moins sujette à caution. Ces deux propositions se heurtent régulièrement au très fort attachement des professions à leur juridiction, et aux réticences du ministère des Finances.

Le même phénomène se présente avec les conseils de prud'hommes.

### b. Le conseil de prud'hommes

Présents sous un autre vocable au sein des corporations bien avant la justice publique que nous connaissons, les 281 conseils de prud'hommes français portent un curieux nom. « Conseil »

et non « tribunal », car dès l'origine leur fonction essentielle n'était pas de trancher les litiges mais de les régler par la voie de la conciliation (cf. leur devise : *Servat et conciliat*). « Prud'**hommes** » car, au milieu du XIXe siècle, les femmes ébénistes ou plâtrières étaient rares, mais pas plus « **prud**es » que les hommes. Comme pour la juris**prudence**, l'étymologie latine signifie intelligence, sens du raisonnement.
Tout est conçu ici pour assurer une justice proche du justiciable.

**• Composition**

**Les conseillers prud'homaux** (un seul *m*) **sont élus** tous les cinq ans par l'ensemble des salariés et des employeurs français. **Il s'agit donc également de magistrats non professionnels** qui travaillent normalement dans leur entreprise, mais assurent une à deux journées par mois leurs fonctions juridictionnelles, soit au sein du bureau de conciliation, préalable obligatoire mais ayant perdu beaucoup de son efficacité (moins de 10 % des affaires), soit au sein du bureau de jugement devant lequel l'affaire sera renvoyée en cas d'échec de la conciliation.
**Le paritarisme est la grande spécificité des prud'hommes.** A tous les stades de la procédure, ils doivent siéger en nombre pair employeur/salarié. Si un blocage apparaît, **il sera fait appel au juge départiteur** : un magistrat professionnel du tribunal d'instance. Mais contrairement à une idée reçue, le taux de départage ne dépasse pas une affaire sur dix.
Afin de renforcer encore cette proximité du monde professionnel, chaque conseil est divisé en cinq sections verticales (industrie, commerce, agriculture, activités diverses), les cadres tous secteurs confondus ayant obtenu la création en 1979 d'une section interprofessionnelle « encadrement ».

**• Compétence**

**Les conseils de prud'hommes règlent chaque année plus de 200 000 litiges individuels de droit du travail** mettant en cause un salarié et son employeur. Le chef d'entreprise disposant du privilège du préalable (ex. : licenciement), le contentieux prud'homal est massivement déséquilibré : plus de 95 % des demandes émanent des salariés.
Véritable juridiction, mais composée de magistrats non professionnels, le conseil de prud'hommes se voit parfois reprocher le manque de connaissances juridiques des conseillers, et de statuer parfois plus en équité qu'en droit. Mais là encore, sa forte popu-

larité parmi les partenaires sociaux qui y jouent un rôle essentiel a empêché toute modification vers un échevinage permanent. Bercy ne s'en plaint pas (économie de deux cent quatre-vingt-un postes de magistrats).

### c. Le tribunal des affaires de Sécurité sociale (TASS)

Il est présidé par un magistrat professionnel assisté d'un assesseur employeur et d'un assesseur salarié (**échevinage permanent**), et statue en première instance sur tout le contentieux de la Sécurité sociale (120 000 affaires par an), dont les enjeux financiers sont souvent importants.

### d. Le tribunal paritaire des baux ruraux

Il n'est pas une juridiction permanente comme celles examinées *supra*. Présidé par le juge d'instance, là aussi assisté de représentants des propriétaires et de représentants des fermiers, il examine les 5 000 litiges annuels relatifs à ces baux particuliers.

# 13 LES JURIDICTIONS JUDICIAIRES DE CONTRÔLE

Le litige initial ayant donné lieu à un jugement en première instance devant l'une des juridictions examinées *supra*, **la partie perdante a parfois le sentiment que son affaire a été mal jugée.** Sous l'Ancien Régime, elle pouvait « en appeler au Roy ». Aujourd'hui, elle peut littéralement « faire appel » à des magistrats expérimentés qui réexamineront les faits, et comment le droit a été appliqué : **c'est le rôle des cours d'appel (A).**
Mais ces dernières peuvent à leur tour mal appliquer la règle de droit : **un pourvoi devant la Cour de cassation pourra alors être formé. Elle ne juge pas les faits mais juge le juge (B).**

## A. LES COURS D'APPEL

« L'erreur est humaine » : qu'ils soient professionnels ou non, les magistrats de première instance ont pu de bonne foi commettre une erreur. Afin que justice soit rendue, les textes internationaux et le droit français ont créé le principe du **double degré de juridiction** examiné *supra* : tout plaideur a le droit de voir son affaire rejugée en fait comme en droit par des magistrats expérimentés sinon spécialisés, en formation collégiale.
La cour d'appel est donc le juge de droit commun du second degré, opérant une **première unification** des jugements dans son ressort géographique.
Peuvent remonter aux cours d'appel tous les jugements des TI, TGI et de l'ensemble des juridictions d'attribution, qu'il s'agisse des affaires civiles ou des affaires pénales.

### a. Composition

Les trente cours d'appel métropolitaines, qui couvrent entre un et six départements, sont présidées par un premier président (juge du siège), assisté d'un procureur général (qui représente le parquet). Ce titre de **premier** président est dû au fait que chaque cour est composée de plusieurs chambres spécialisées : en règle générale chambre des appels correctionnels (pour les affaires pénales), une ou plusieurs chambres civiles (famille, contrat, responsabilité), commerciale (appel des tribunaux de commerce) et sociale (droit du travail et de la Sécurité sociale). Chacune est présidée par un président de chambre assisté de conseillers à la cour qui siègent généralement à trois.

### b. Rôle des cours d'appel

• **L'appel doit être formé dans le mois qui suit la notification** de la décision au plaideur. Passé ce délai, le jugement est définitif : il acquiert force de chose jugée et devient irrévocable.

• **Mais afin d'éviter que le plus petit litige réglé en première instance puisse donner lieu à un nouveau procès**, retardant d'autant le règlement d'affaires beaucoup plus importantes, **le garde des Sceaux fixe par décret le seuil du « dernier ressort »**. Les affaires portant sur une somme inférieure à 13 000 francs devant le TI ou le TGI sont ainsi rendues « **en premier et dernier ressort** », ce qui signifie concrètement qu'elles ne peuvent faire l'objet d'un appel : seul un pourvoi en cassation est possible, avec de faibles chances de succès puisque le contrôle ne portera alors que sur l'application du droit.

• **Double effet de l'appel :**

– **Effet toujours dévolutif** : l'affaire est tout entière dévolue, c'est-à-dire confiée aux conseillers à la cour qui la reprendront de zéro, réexaminant tant les faits (à quelle vitesse roulait-il ? faisait-il jour ?) que le droit (le juge de première instance a-t-il appliqué le texte adéquat ?).

– **Effet en principe suspensif** : faire appel permet au perdant en première instance de ne pas exécuter la décision rendue à son encontre, car si cette dernière est réformée, il devrait par exemple demander à son adversaire restitution des dommages et intérêts qui lui ont été indûment versés.

Mais cet effet suspensif a eu de redoutables effets dilatoires : le mauvais perdant avait tout intérêt à faire appel, retardant d'autant le versement de sa dette. De plus en plus souvent, les juges du premier degré peuvent donc ordonner l'**exécution provisoire** de leur jugement.

• **L'arrêt finalement rendu par la cour d'appel saisie peut être soit confirmatif**, reprenant la solution des juges de premier degré, **soit au contraire infirmatif** : il réforme alors, totalement ou partiellement, le jugement rendu.

• **Des cours d'appel asphyxiées :**

Comme cela était prévisible si l'on examine la croissance régulière du contentieux de première instance, les cours d'appel croulent sous le poids des affaires qui leur sont transmises : si elles jugent plus de 170 000 litiges par an (soit le double des années 1970), **le délai moyen dépasse actuellement quinze mois**.

Pour les juristes nationaux, les arrêts de la cour d'appel de Nancy ou de Lyon sont sans doute intéressants mais ne font guère jurisprudence : **il en va tout autrement pour les justiciables locaux. Pour eux, il est fondamental de bien connaître la jurisprudence** de telle ou telle chambre de leur cour s'ils veulent engager une procédure avec quelques chances de succès.
Cette attitude prudente et avisée leur causera peut-être quelques surprises : ils apprendront à cette occasion que la cour d'appel voisine a une jurisprudence différente sur la question. **Le principe d'égalité devant la justice** peut paraître atteint par ces divergences de jurisprudence des cours qui ont cependant déjà unifié les jugements rendus dans leur ressort géographique.
Il est donc essentiel d'unifier à nouveau leurs arrêts.

## B. LA COUR DE CASSATION

**« Il y a, pour toute la République, une Cour de cassation. »** La loi du 1er décembre 1790 énonce fermement un principe juridique comme d'équité : l'égalité des citoyens devant la Justice et donc devant la Loi, qu'ils soient brestois, nancéiens ou marseillais. Mais un but plus politique transparaît : l'unification du droit, auparavant éclaté en de multiples coutumes, entraînera une unification politique nécessaire à la défense de la jeune République à venir.
Siégeant quai de l'Horloge, sur l'île de la Cité à Paris, **la Cour de cassation statue sur plus de 20 000 pourvois par an,** et là encore l'encombrement est manifeste car de nombreux plaideurs pensent qu'elle constitue un troisième degré de juridiction qui va reprendre l'ensemble de leur affaire. **Or il n'en est rien : la Cour de cassation juge les juges et la correcte application de la règle de droit.** Les chances de succès sont dont réduites : environ 80 % des pourvois sont ainsi rejetés.
Placée au sommet des juridictions judiciaires, la Cour de cassation a une composition et des formations spécifiques.

### a. Composition

Présidée par le **premier président de la Cour de cassation,** poste le plus élevé de la hiérarchie judiciaire, avec son alter ego le **procureur général qui est au sommet des représentants du ministère public** (le parquet, ▶ *infra*), **la Cour de cassation est divisée en six chambres spécialisées,** ce qui est indispensable à ce niveau de responsabilité.

La première chambre est la **première civile** (par écrit : Cass. Civ. 1re), compétente en matière de droit des personnes, de la famille et des contrats ; **deuxième chambre civile** : responsabilité, procédure ; **troisième chambre, « immobilière » :** immeubles, baux, hypothèques ; **quatrième chambre, « commerciale et financière »** (Cass. Com.) : commerce, banques ; **cinquième chambre dite « chambre sociale »** (Cass. Soc.). La **sixième chambre** embrasse tout le contentieux pénal et s'appelle la **« chambre criminelle »** (Cass. Crim.).
Chaque chambre est composée d'un président de chambre, assisté du conseiller doyen, et de conseillers qui terminent là une carrière enviée sinon jalousée. La personnalité du président de chaque chambre ou la dynamique qui peut se créer entre lui et deux ou trois conseillers influents est susceptible d'avoir des conséquences non négligeables sur la jurisprudence de la chambre (ex. : revirement, regain de fermeté) : la justice est rendue par des hommes.
**Les 84 conseillers à la Cour de cassation** sont aidés depuis 1967 par des « **conseillers référendaires** ». Initialement recrutés comme permettant « une aide à la décision », ces 37 magistrats plus jeunes ont acquis année après année, en raison de l'amoncellement du contentieux, un rôle de plus en plus important au point de pouvoir, dans certaines chambres où les « conseillers pleins » se désintéressent de certaines affaires, faire la jurisprudence en présentant en tant que rapporteurs les dossiers en question.
**Le ministère public est bien sûr omniprésent dans toutes les chambres de la Cour de cassation.** Le chef du parquet de France, le procureur général, est assisté par un premier avocat général (qui n'est donc ni avocat, ni général) et dix-neuf avocats généraux qui, à l'occasion de chaque affaire, donnent le sentiment du représentant de la Société.

### b. Formations spécifiques de la Cour de cassation

- La présence de six chambres spécialisées pose parfois des problèmes de recoupement de compétence, ou de divergence de jurisprudence au sein même de la Cour de cassation, ce qui fait désordre si l'on se remémore que sa fonction essentielle est au contraire d'unifier.
- Si un tel problème se pose, le premier président saisira une **« chambre mixte »**, c'est-à-dire composée de magistrats d'au moins **trois** chambres (et non les deux en cause pour éviter un

combat inutile). Les cinq ou vingt arrêts annuels rendus par ce type de formation font évidemment jurisprudence, que les chambres concernées doivent ensuite respecter.

• **L'assemblée plénière de la Cour de cassation.** La plus haute formation de la plus haute juridiction française se réunit lorsque des questions de principe sont posées. En clair, lorsque les juges des cours d'appel sont divisés sur une question particulière, ou alors lorsqu'ils résistent à une jurisprudence bien assise de la Cour de cassation. Composée du premier président, des six présidents de chambre, des conseillers doyens et de deux conseillers par chambre (soit vingt-cinq personnes en tout, dont la grande majorité n'est pas spécialiste de la question), l'assemblée plénière rend évidemment des arrêts de principe, **qui sont à vrai dire plus des principes que des arrêts.**

### c. Fonctions de la Cour de cassation

• **Deux erreurs (horreurs) à éviter** sur ce thème :

**« Elle constitue un troisième degré de juridiction. »** Évidemment pas, car elle ne reprendra pas les faits qui relèvent « de l'**appréciation souveraine des juges du fond** », comme elle le répète tous les jours aux plaideurs qui n'ont pas compris, ou ont été mal conseillés.

« J'ai la justice pour moi et je perds mon procès », écrivait déjà Molière : de nombreux justiciables sont cruellement déçus que leur pourvoi soit rejeté. Or s'il portait sur autre chose que l'application du droit, cette issue était certaine.

Seconde horreur : **« La Cour de cassation est le supérieur hiérarchique des cours d'appel. »**

Ces dernières sont indépendantes et libres de statuer dans le sens qu'elles veulent. Mais elles savent également que si, sur le plan juridique, elles prennent une position différente de la jurisprudence de la Cour de cassation, un pourvoi sera formé, qui aboutira en principe à la cassation de leur arrêt.

• **Les deux fonctions réelles de la Cour de cassation.**

– **Elle est avant tout chargée d'assurer l'unité d'interprétation du droit français sur tout le territoire national.** Le principe d'égalité devant la loi serait bafoué si un justiciable toulousain ne se voyait pas appliquer les mêmes règles que son voisin de Bordeaux ou son cousin de Lille.

– **La seconde fonction est plus créative, sinon inattendue pour le non-juriste.** Les juges du fond étant parfois confrontés à des questions nouvelles (ex. : évolution technologique : la signature électronique [le code de votre carte Bleue] vaut-elle signature classique ?), ils prennent des positions très variables. **Il appartient à la Cour de cassation d'encadrer cette recherche, voire d'imposer la solution** qui lui paraît la meilleure. Ainsi avait été posée la question de la garde alternée des enfants après la loi sur le divorce de 1975 : les parents s'étaient entendus pour garder l'enfant un jour chez l'un, un jour chez l'autre. Certaines cours les avaient approuvés, d'autres avaient condamné cette pratique peu propice à une nécessaire stabilité. La Cour de cassation a rapidement pris position pour cette seconde solution, en cassant systématiquement les arrêts des cours l'ayant acceptée.

#### d. Le pourvoi en cassation

**Il doit être formé dans les deux mois de la notification** de la décision, et l'assistance d'un avocat appartenant au prestigieux Ordre des avocats aux Conseils est en principe indispensable, mais non gratuite.

**Dans quatre cas sur cinq, le pourvoi donnera lieu à un arrêt de rejet**, ce qui est somme toute assez logique si l'on considère qu'*a priori* les juges du fond sont formés au droit !

Le procès est alors définitivement terminé.

**Dans environ un cas sur cinq, la Cour rend, comme son nom l'indique, un arrêt de cassation**, totale ou partielle, qui « casse et annule » l'arrêt faisant l'objet du pourvoi. Mais elle ne peut pas elle-même rejuger l'affaire **en fait** et en droit : la cassation entraîne donc le renvoi de l'affaire devant un autre juge du fond (ex. : cassation d'un arrêt de Rouen, renvoi devant la cour d'appel d'Angers).

Cette seconde cour reprendra tout le litige, et statuera à nouveau. Elle suit généralement les directives données par la Cour de cassation, et adopte donc sa position. Mais elle n'est pas obligée de le faire, et reprend au contraire parfois la motivation du premier arrêt, pourtant cassé.

Cette résistance des juges du fond pose un réel problème qui sera tranché par l'assemblée plénière de la Cour de cassation réunie pour l'occasion… s'il y a pourvoi. Notons que dans plus de un cas sur quatre, cette dernière formation rejette le second pourvoi, ce qui signifie concrètement qu'elle désavoue sa propre chambre qui avait statué lors du premier pourvoi.

**La Cour de cassation, sommet de la pyramide judiciaire,**

**connaît les mêmes problèmes que sa base** : contentieux en augmentation vertigineuse, délais de jugement frôlant le déraisonnable (de l'assignation à l'arrêt définitif, cinq ans sont habituels), sous-effectifs chroniques.

Mais la Cour de cassation ne peut rien contre la banalisation du recours à la justice et l'inflation des textes, législatifs et surtout réglementaires, qui conduit inéluctablement les plaideurs devant elle pour connaître l'exacte portée du texte nouveau.

Alors qu'elle est amenée à statuer des milliers de fois par an sur des textes anciens, elle n'est même pas consultée lorsqu'il s'agit d'en créer de nouveaux. Cette peine perpétuelle qui frappe le juge judiciaire depuis 1789 au nom d'une conception étriquée de la séparation des pouvoirs est cause de multiples malformations législatives… et de nouveaux contentieux de masse qui font parfois perdre de vue à la Cour de cassation son rôle essentiel : unifier la jurisprudence et donner des directives claires aux juges du fond.

# RÈGLES GÉNÉRALES RELATIVES AU DROIT DE LA PREUVE



## A. INTRODUCTION

**En cas de contentieux, « ce qui ne peut être prouvé n'existe pas »** : l'adage est brutal pour le justiciable, mais indispensable au juge.
La recherche de la preuve est commune à toutes les branches de la science juridique comme aux sciences dures (preuves scientifiques : théorème en mathématiques, P = UI en électricité).
Les systèmes de preuve sont (logiquement) fort variables dans le **temps** comme dans **l'espace**, l'un et l'autre se rejoignant parfois.

● **Dans les sociétés primitives, la justice est d'essence divine : le droit de la preuve également.**
« Croix de bois, croix de fer, si je mens je vais en enfer » : la ritournelle enfantine n'est pas éloignée du serment sur la Bible (péché mortel pour le parjure). Sans parler des célèbres ordalies, c'est-à-dire « jugements de Dieu » : le plaideur qui traversera le cercle de feu ou l'Euphrate (et en sortira vivant) aura montré son bon droit. Dans le cas contraire, sa disparition dans les circonstances que l'on imagine stoppera le procès : justice sera faite.
Quelques millénaires plus tard, la grande majorité des citoyens ne sait ni lire ni écrire. Il est donc impensable de les obliger à rédiger eux-mêmes leur état civil ou à rédiger des contrats. On se contentera donc de la plus modeste des preuves : le témoignage.

● **Preuve par témoins :**
**La preuve testimoniale (par témoins) a vite montré ses immenses faiblesses** : mémoire défaillante, subornation voire disparition (naturelle ou provoquée) des témoins montrent la fragilité de ce type de preuve.
Après Gutenberg, toutes les sociétés développées ont donc, lorsque l'écriture s'est développée, privilégié l'écrit.

● **Le Code Napoléon a ainsi voulu assurer la sécurité juridique des propriétaires immobiliers** (c'est-à-dire immobiles : immeubles et maisons, bien sûr, mais aussi terres agricoles) en obligeant à passer devant notaire toutes les transactions de ce type.

● **Pour les biens mobiliers** (c'est-à-dire mobiles : actions de sociétés, voitures mais aussi chevaux, bicyclettes ou poissons

rouges) d'une certaine valeur, **il convient de rédiger un acte écrit, daté et signé par toutes les parties**, dont chacun conservera un exemplaire. En cas de contestation sur la propriété d'un tel bien, cette preuve préconstituée fera foi.
Mais la civilisation de l'écrit n'est-elle pas en train de disparaître ? Répondeur, fax, messagerie électronique ou vidéo posent des questions nouvelles sinon virtuelles au droit de la preuve. Sans parler de la preuve parfaite que semblent constituer en droit de la filiation les empreintes génétiques qui, à la différence de l'examen du sang ne donnant au mieux qu'une très forte probabilité, permettent de désigner parmi tous les hommes de la planète le père de l'enfant.
Point n'est besoin de préciser que seuls les faits sont matière à preuve : le juge est payé pour connaître la règle de droit et ce n'est pas au plaideur de lui démontrer son **existence**, même s'il peut contester la **portée** que le juge lui donne.

## B. CHARGE ET RISQUE DE LA PREUVE

En droit privé français, il appartient aux parties de faire la preuve de ce qu'elles avancent : le juge, en principe neutre, n'a pas un rôle actif en cette matière.

### a. Charge de la preuve

Sur quelle partie faire littéralement porter la **charge**, le **fardeau** de la preuve ? *Actori probatio incumbit.*
C'est au **demandeur à l'action** qu'elle revient : puisqu'il demande quelque chose, il doit prouver le bien-fondé de sa prétention. Son adversaire serait dans le cas contraire présumé avoir eu un comportement fautif.
**Cela signifie concrètement qu'il est inutile de saisir un juge si l'on ne peut lui démontrer que sa demande est fondée.** L'exemple le plus banal en droit civil français est celui d'un prêt entre particuliers de plus de 5 000 francs, qui doit être rédigé par écrit. Le créancier ne voyant aucun remboursement venir saisit le juge en lui montrant le talon de chèque et l'auteur de l'encaissement. Si ce dernier n'avoue pas qu'il s'agit d'un prêt, mais dit au contraire combien il a été touché par ce don généreux de la part d'un inconnu, le créancier est certain de perdre son procès, alors que l'équité eût commandé la solution inverse.

### b. Risque de la preuve

**« Qui peut le plus, peut le moins »** : si la règle fait reposer la **charge** de la preuve sur le **demandeur** à l'action et que ce dernier n'arrive pas à convaincre le juge du bien-fondé de sa prétention, ce dernier doit en principe lui donner tort et rejeter sa demande : **le risque pèse *a fortiori* sur lui.**

Si la charge comme le risque de la preuve incombent donc en principe au demandeur, il est néanmoins des situations où la faiblesse humaine, économique ou juridique de ce dernier l'empêcherait de gagner un quelconque procès.

D'où l'intervention du législateur qui indique, en matière de licenciement par exemple, que **« le doute profite au salarié »**. **Cette règle constitue une exception à la règle générale**, puisqu'ici le **risque** de la preuve va peser sur le défendeur.

Dans un nombre croissant de matières, le juge se voit cependant confier un rôle de plus en plus actif dans la recherche des preuves. Sans aller jusqu'à l'inquisition, le droit pénal donne au juge d'instruction un rôle essentiel en la matière : enquêtes de police judiciaire, expertises, recherche de pièces **à conviction**.

## C. LES PRÉSOMPTIONS

Ces **« conséquences que la loi ou le magistrat tire d'un fait connu à un fait inconnu »** (article 1349 du Code civil) sont d'une grande utilité en droit. Elles résultent soit de la loi (présomptions **légales**), soit de l'analyse que peut en faire le magistrat (présomptions de **l'homme**).

### a. Présomptions légales

Elles permettent de simplifier grandement l'administration de la preuve, car la loi elle-même tient les faits en question pour établis.

S'il s'agit d'une présomption **simple**, elle permet cependant à l'adversaire de faire la preuve inverse. Si la preuve est déclarée **irréfragable**, la preuve contraire n'est pas admise.

- **Présomption simple** (situation normalement vraisemblable)

Il s'agit de situations où la preuve directe est difficile ou impossible, physiquement ou moralement.

Ainsi en matière de paternité dans le mariage.

Si le Code civil présume que l'enfant de la femme mariée est également celui du mari, c'est qu'il apparaît difficile d'apporter des

écrits ou des témoignages de l'acte sexuel initial. Comme *a priori* le mariage entraîne des rapports sexuels et que l'épouse est en principe fidèle, il est **vraisemblable** que l'enfant soit du mari ; l'union, elle, ayant donné lieu à cérémonie avec témoins et à un acte écrit déposé à la mairie (acte de mariage à l'état civil).
Mais cette présomption de paternité est une présomption simple : cela signifie que la mère ou le père présumé pourront aller en justice et faire la preuve de cette non-paternité (ex. : action en désaveu de paternité).
« **En fait de meubles, possession vaut titre** » : pour n'importe quel stylo ou poste de télévision, il paraît difficilement concevable d'obliger chacun à devoir faire à tout moment la preuve de sa propriété. La loi pose donc une présomption : **le possesseur actuel du stylo en est en principe le propriétaire**. Mais là encore cette présomption est simple, et, le cas échéant, elle pourra être détruite par la production d'un titre de propriété.

- **Présomption irréfragable** (et non « irréfroyable » !)

Également appelées présomptions absolues, ou *juris et de jure*, **ces présomptions (beaucoup plus rares) reposent sur un argument d'autorité** (un axiome diraient les matheux) qui coupe court à toute discussion : « C'est comme la loi l'indique et pas autrement. » Elles constituent donc pour le plaideur qui peut s'en prévaloir une faveur aussi immense qu'inespérée, car non seulement il se trouve dispensé de toute preuve s'il est dans la situation visée, mais de plus son adversaire ne peut prouver **en droit** l'inverse.

**Deux exemples :**

**– La présomption de vérité de la chose jugée**

Un jugement définitif a donné raison à l'un et tort à l'autre. Autant pour des raisons de respect des décisions de justice que pour des motifs de sécurité juridique, nul ne peut proposer d'en démontrer l'inexactitude : même si tout le monde sait qu'il n'en est rien, et pourrait le cas échéant le prouver, le droit interdit purement et simplement cette démonstration pourtant conforme à la vérité en fait.

**– Présomption irréfragable de représentativité**

Les événements de mai 1968 ont créé une grande frayeur chez les syndicalistes qui se voyaient totalement débordés par les « gauchistes ». Afin de remettre en selle les grandes confédérations françaises et d'éliminer les groupes d'extrême gauche dans les entreprises, la loi du 27 décembre 1968 a décidé que les cinq grandes confédérations (CGT, CFDT...) bénéficieraient dorénavant d'une **présomption irréfragable de représentativité**, c'est-à-dire que dans une grande entreprise, n'importe quelle section syndicale affiliée peut revendiquer une salle de réunion, des panneaux d'affichage et des délégués. Mais des syndicalistes n'appartenant pas à ces cinq grandes centrales devront faire la preuve, au cas par cas, de leur représentativité afin de pouvoir bénéficier des mêmes avantages. Et à supposer qu'ils aient 90 militants alors que la CGT ou FO n'en ont que 5 et 12, ils ne pourront contester leur représentativité, puisque le juge saisi se verra opposer le caractère irréfragable de la présomption en question : il ne pourra donc que rejeter leur demande.

Ces exemples montrent le caractère parfois aventureux des présomptions irréfragables, qui peuvent devenir dans des cas extrêmes des défis au bon sens, et faire perdre au droit quelque crédibilité.

### b. Les présomptions de l'homme

Ce type de présomption, « abandonnée aux lumières et à la prudence du **magistrat** » (c'est l'homme en question, aujourd'hui de plus en plus souvent une femme) comme l'indique l'article 1353 du Code civil, part du principe que l'on vient d'examiner : la preuve directe du fait contesté est difficile, impossible ou impensable.

Seule une preuve indirecte peut donc être apportée.

**Partant de la preuve directe de faits connus** (ex. : traces de freinage d'un trente-cinq tonnes sur 20 mètres), on pourra faire la **preuve indirecte de faits inconnus** (vitesse approximative, dira l'expert nommé : 120 km/h.

Il va de soi que ces présomptions du fait de l'homme ne sont utiles qu'en cas d'absence de preuve directe. Le juge ne doit par ailleurs prendre en compte que les présomptions « graves, précises et concordantes », et ce type de présomption n'est **jamais irréfragable**. Ainsi le conducteur fautif pourra, dans notre précédent exemple, toujours prouver que les traces en question proviennent d'un autre véhicule.

### D. ADMISSIBILITÉ DES PREUVES

Toutes les méthodes sont-elles admissibles pour obtenir la vérité ? Torture pour obtenir l'aveu ? Provocation ou mise en scène policière ? Écoutes téléphoniques ? Témoignage de prêtre sur des confessions ? De psychiatre sur l'un de ses patients ?

**Le droit français repose sur la loyauté dans la recherche de la preuve.**

- **Ainsi en droit du travail,** où les personnes sont amenées à travailler ensemble tous les jours pendant des années, « la loyauté qui doit présider aux rapports de travail » interdit à l'employeur de se constituer des preuves sans avoir prévenu les salariés des mécanismes de contrôle.
- **Mais en matière de droit pénal,** où le comportement de l'éventuel délinquant est souvent fort éloigné de la loyauté minimale, le juge se révèle à juste titre moins sévère et admet par exemple comme élément de preuve **parmi d'autres** ce type d'enregistrement.

La lutte contre le crime organisé ou le terrorisme ne peut se contenter de pratiques de police judiciaire empreintes de l'exquis savoir-vivre réclamé par certains. La société est en état de légitime défense, et sa riposte doit être proportionnée à l'attaque qu'elle subit. Mais la loi doit intervenir pour limiter ces possibilités (ex. : écoutes téléphoniques) : une société civilisée ne peut utiliser les mêmes méthodes que les délinquants qu'elle poursuit. C'est tout à la fois sa force et sa faiblesse, puisque ces derniers connaissent parfaitement cette différence.

# LES DIFFÉRENTS MODES DE PREUVE

Les mêmes questions se retrouvant depuis l'aube des temps dans tous les pays, deux systèmes de preuve coexistent dans le monde : preuve morale et preuve légale.

● **Le système de preuve morale est très fréquent** lorsque l'écrit n'est pas entré dans les mœurs du pays ou du secteur d'activité. **Ce système permet aux plaideurs de proposer au juge toutes les preuves légalement admissibles qu'ils ont pu réunir : il est aussi appelé celui de la preuve libre.** Le juge saisi se détermine ensuite en fonction de son intime conviction, sans que telle preuve soit considérée comme plus valide que telle autre (absence de hiérarchie légale des modes de preuve).

Si c'est le cas dans de très nombreux pays en voie de développement, c'est également celui de certaines branches du droit français où constituer un écrit à chaque opération entraverait gravement l'activité économique : ainsi du droit commercial.

Mais c'est aussi le cas lorsqu'il ne peut y avoir d'écrit, pour des raisons évidentes : ainsi en matière d'accidents de la circulation, les seules preuves possibles sont les présomptions (ex. : traces de freinage) et les témoignages.

Bref, en matière de **faits** juridiques, par opposition aux **actes** (testament, contrat), la preuve morale est concrètement la seule possibilité.

● **Le système de preuve légale au contraire est beaucoup plus formaliste, dans un but de sécurité juridique.**

**Ici non seulement la loi fixe le mode de preuve** admis pour chaque opération juridique (ex. : vente de plus de 5 000 francs entre particuliers : obligation d'un écrit daté et signé en double exemplaire), mais elle détermine également **une hiérarchie entre les différentes preuves légalement admises.**

Si un juge est saisi, il ne dispose d'aucune liberté et ne peut statuer sur ce terrain selon son intime conviction : il ne doit accepter que le mode de preuve légalement prévu dans ce cas, refuser tous les autres, et en tirer les conséquences.

La sécurité **juridique** (l'acheteur de la voiture de plus de 5 000 francs n'a pas à s'inquiéter de la validité de son titre de propriété) rejoint ici la sécurité **judiciaire** : en cas de procès, le pouvoir du juge est alors extrêmement limité.

Dans les pays développés, ces deux systèmes de preuve coexistent, pour des raisons pratiques évidentes examinées *supra*. En règle générale, le système de preuve légale est retenu pour les **actes juridiques**, et celui de la preuve libre pour les **faits juridiques**.

## A. PRINCIPE DE LA PREUVE LÉGALE POUR LES ACTES JURIDIQUES

L'**acte** juridique s'oppose au **fait** juridique : il est en effet le **résultat d'une volonté de créer des effets de droit** (ex. : contrat de vente, testament). **Cette volonté préexiste à l'acte** : la loi oblige donc à la rédaction d'un écrit, de la **preuve littérale** au sens premier du terme (à la lettre près).

**Cette preuve littérale légale offre un double avantage.**

**Elle est préconstituée** : sa rédaction permet de mieux réfléchir à ses engagements réels, et fixe des règles claires qui peuvent éviter un contentieux futur.

**Elle est stable et durable**, ce qui la différencie nettement de la mémoire d'un ou plusieurs témoins.

Mais ce principe logique de l'écrit préconstitué pour les actes juridiques connaît cependant quelques exceptions logiques.

**L'écrit préconstitué est la règle pour les actes juridiques.**

**Selon la valeur sociale de l'acte en cause**, la loi a fixé deux modes de preuve distincts : **l'acte authentique** et **l'acte sous seing privé.**

### a. L'acte authentique

**L'acte authentique est obligatoire pour les actes essentiels de la vie :** « Ils sont reçus par des officiers publics avec les solennités requises » (article 1317 du Code civil).

Il s'agit :

- **des actes de l'état civil** (actes de naissance, de mariage, de décès) dressés par l'officier portant le même nom ;
- **des décisions de justice** ;
- **des actes passés devant un notaire** : pour l'essentiel, les ventes immobilières qui constituaient au temps de Napoléon l'essentiel de la fortune d'une famille.

Afin d'assurer une fiabilité maximale à l'acte authentique, la loi a fixé des conditions draconiennes à sa rédaction :

- D'une part, **la personne** qui le rédige est formée, sélectionnée pour ce faire, et encourt de très lourdes sanctions pénales si elle trahit ses fonctions.

• D'autre part, la loi l'oblige à un formalisme sévère dans **sa rédaction** afin d'éviter tout risque de falsification : pas de blanc, toute rectification doit donner lieu à un renvoi en marge avec les paraphes des signataires, etc.
**Ce constant souci de fiabilité**, avec l'intervention d'une tierce personne, juriste spécialisé, donne à l'acte authentique une force probante exceptionnelle : ce qui est relaté est forcément vrai, et **s'impose dans tous ses éléments juridiques au juge éventuellement saisi.**
Cet acte, qui fait donc foi tant qu'une longue et risquée procédure d'inscription en faux n'est pas intentée devant les tribunaux judiciaires, est enfin doté de la **même force exécutoire qu'un jugement**. Cela signifie par exemple que le créancier non payé n'aura pas à saisir le tribunal de grande instance pour obtenir un jugement d'exécution forcée : avantage considérable en termes de temps comme d'argent.
Mais pour les actes moins importants, ceux de la vie courante, un tel formalisme serait une entrave considérable à la vie économique.

### b. L'acte sous seing privé

Si l'acte authentique est dressé par un officier (car il avait un *office*) public, l'acte sous seing privé peut être rédigé par de simples personnes privées, par exemple celles qui passent un contrat de location d'appartement ou de vente de voiture.
**Ce type d'acte ne nécessite donc pas un formalisme strict**, qui ne pourrait être demandé à des non-juristes sans créer une grande insécurité sur sa valeur probante.
Comme son nom l'indique, la seule exigence absolue concerne la **signature (seing)** de toutes les parties à l'acte, signature en principe **manuscrite, apposée en bas** et à droite de celui-ci. Il est souvent intéressant, **voire obligatoire** (testament, chèque), d'y ajouter la date, et le cas échéant le nombre de pages.
Mais les multiples mentions parfois exigées sur un ton comminatoire (ex. : « lu et approuvé ») ont une portée psychologique certaine mais juridique nulle : elles n'apportent strictement rien à sa validité comme a dû le rappeler la Cour de cassation le 27 janvier 1993.
**S'agissant d'actes particuliers,** la loi a parfois prévu quelques ajouts.
• **Le très banal contrat synallagmatique** (c'est-à-dire mettant à la charge des signataires des obligations réciproques : location,

vente : versement du prix/remise de la chose) doit être rédigé en autant **d'exemplaires originaux** que de parties au contrat. Chacun disposera ainsi de la liste précise de ses droits et obligations, et cette astucieuse formule évite par exemple que le débiteur ne puisse détruire l'unique original qu'il aura demandé à garder.

- **En matière de reconnaissance de dettes** et afin d'éviter toute erreur (volontaire ou involontaire) due à une écriture illisible, la somme doit être portée de façon manuscrite, **en chiffres et en lettres**, sur l'acte en question. En cas de contestation, il va de soi que cette dernière fera foi.

Actes authentiques comme actes sous seing privé sont considérés comme des **preuves parfaites** s'ils sont rédigés conformément aux textes : elles s'imposent alors au juge éventuellement saisi, ce qui est le propre du système de la preuve légale.

Mais pour l'achat d'un pain ou la vente d'un disque, le formalisme d'un écrit serait incompatible avec la vie économique. Le législateur a donc décidé que lorsque la **valeur de l'objet est inférieure à 5 000 francs, aucun formalisme n'est obligatoire**... même s'il n'est à l'évidence pas interdit : il est parfois plus prudent de rédiger en bonne et due forme un prêt de 4 000 francs !

Il en va de même, pour les mêmes raisons de rapidité renforcées ici par les usages, **en matière commerciale** : si le défendeur est commerçant, les parties se voient dispenser des règles de preuve examinées ici, et peuvent convaincre le juge par tous moyens (témoins, fax, bon de commande non signé par exemple).

### c. Double exception à l'obligation de preuve préconstituée pour les actes juridiques

« A l'impossible nul n'est tenu » : la plus vieille exception à la règle de la preuve littérale préconstituée est tout simplement **l'impossibilité de l'obtenir**.

La seconde exception tient compte de la profonde méconnaissance du droit de la preuve par les Français : une session de rattrapage est possible pour le plaideur qui dispose d'un **écrit imparfait**.

- **L'impossibilité de prouver par écrit**

– **Impossibilité matérielle.** Qu'il s'agisse de l'éruption d'un volcan ou d'une inondation massive, la **perte** du titre est compréhensible et le juge l'acceptera si elle est prouvée. Mais il est également des situations exceptionnelles où il est matériellement impossible de **rédiger** le titre : sur le *Titanic* qui sombrait, des promesses de vente ont été échangées et l'heure n'était pas à la rédaction d'un contrat en double exemplaire. De même pour une personne incapable d'écrire, ou les aventuriers (du cas pratique) égarés dans le désert, qui ne disposent ni de papier ni de crayon. Cette impossibilité **physique** de rapporter la preuve normalement exigée doit être prouvée par le plaideur pour que le juge consente à accepter d'autres moyens de preuve : sa seule affirmation (« je l'ai perdu ») ne suffit évidemment pas.

– **Impossibilité morale :** entre frère et sœur comme entre concubins, mais surtout entre amis proches comme pour mari et femme, l'exigence d'un écrit pour tout acte supérieur à 5 000 francs peut être source de furieux désagréments : l'amitié et *a fortiori* l'amour voire la passion semblent incompatibles avec le formalisme exigé par la loi, surtout avec la méfiance que véhicule pour les non-juristes la rédaction officielle d'une preuve préconstituée.

**Le Code civil en a tenu compte : s'il est impensable moralement d'exiger un écrit** (lorsqu'il est obligatoire), et que cette impossibilité est démontrée devant le juge, celui-ci acceptera d'examiner les autres moyens de preuve.

- **L'existence d'un écrit imparfait**

Le pragmatisme du Code civil est ici évident. Alors qu'en principe le juge doit écarter tout moyen de preuve autre que l'écrit préconstitué lorsque celui-ci est exigé, ce texte admet qu'une preuve imparfaite puisse ouvrir la possibilité **d'examiner malgré tout le litige** (ce qui ne veut pas dire gagner le procès) **dans deux cas.**

**Première hypothèse : existence d'un commencement de preuve par écrit.**

Ce terme empreint de modestie (« commencement de ») prête à confusion, car l'écrit dont il est fait ici mention n'est pas un écrit au sens juridique, mais n'importe quel document en principe écrit.

**Trois conditions logiques sont alors exigées :**

– **Un écrit au sens commun** : de la carte postale au livre de comptes en passant par une ébauche de contrat non signé ou la lettre de remerciements.

– **Le document doit (bien sûr) émaner de l'adversaire.** Le plaideur ne peut rédiger de sa main le texte accablant ce dernier, ou demander à une personne complaisante de le faire (ex. : chèque émis : aucune valeur ici ; endossé : commencement de preuve par écrit).

– **Ce document doit rendre vraisemblable le fait allégué.** Si par exemple c'est un prêt qui est en cause, la carte postale manuscrite remerciant très vivement le créancier et promettant de le rembourser au terme convenu vaut commencement de preuve par écrit, bien qu'elle ne puisse constituer la preuve parfaite exigée en principe par le Code.

**Même si ces trois conditions sont cumulativement réunies,** le document en question **ne prouve rien à lui tout seul** : il permet simplement au juge d'accepter d'autres preuves (présomptions de l'homme ou témoins). Ce qui ne signifie pas que le procès sera gagné : il faut que l'ensemble de ces preuves le convainquent totalement.

**Seconde hypothèse : existence d'une reproduction fidèle et durable de l'écrit**

Les « copistes » du Moyen Age avaient sans doute un talent exceptionnel, mais le plaideur éventuel ne disposait que de peu de garanties sur la sincérité du document recopié. La pratique banalisée de la photocopie à compter des années 1960 a reposé la question, tout comme le microfilm pour les banques qui doivent garder trace de l'ensemble des chèques émis par leurs clients pendant trente ans.

Or chacun sait que la photocopie permet n'importe quel montage, n'importe quelle falsification : il convenait d'être exigeant pour ne pas déstabiliser le droit de la preuve.

**A supposer que l'écrit original ne puisse être produit** (sinon, il fera évidemment foi contre une copie), la loi du 12 juillet 1980 évoque donc **« une reproduction non seulement fidèle, mais aussi durable »**.

En pratique, très peu de reproductions peuvent prétendre à cette double qualité : la photocopie simple ne peut être considérée comme fidèle en dehors de la vérification par un tiers de son contenu exact.

Quant à sa durabilité, elle reste sujette à caution, la loi évoquant **« la reproduction indélébile entraînant une modification irréversible du support »**. Les tribunaux sont partagés sur la portée exacte de cette loi, certains admettant la photocopie comme un commencement de preuve par écrit.

Dans l'immédiat, seuls des microfilms dits « de sécurité », employés par des professionnels correspondent aux deux critères évoqués ci-dessus.

Dans tous les cas, l'existence de cette reproduction ne prouve rien à elle seule : elle permet simplement au juge d'accepter d'autres modes de preuve.

- **En l'absence de l'une des exceptions énoncées ci-dessus, le plaideur qui ne dispose pas d'une preuve littérale préconstituée est certain de perdre son procès :** il aura beau faire comparaître vingt témoins et faire état de présomptions concordantes, on ne combat l'écrit que par un autre écrit, ou par l'aveu, reine des preuves.
- **Mais ces dispositions ne sont pas d'ordre public.** Cela signifie que les parties peuvent contractuellement prévoir de s'en passer **avant** tout contentieux. Ainsi en matière de retrait de billets d'un distributeur automatique pour un montant supérieur à 5 000 francs, un plaideur de mauvaise foi pourrait arguer de l'absence de signature manuscrite sur son débit. A supposer qu'un code secret à quatre chiffres ne puisse être considéré comme une signature **électronique** plus fiable que la vraie, la banque et le client ont pu valablement s'entendre sur ce procédé, qui pourtant ne correspond pas aux exigences légales.

**Le propre des actes juridiques étant de poursuivre un but juridique,** il n'est guère étonnant que, pour des raisons de sécurité, le droit contraigne les parties à constituer des preuves dès l'origine afin de fixer très clairement les devoirs et obligations de chacun, mais aussi pour servir de preuve en cas de contentieux.
**De façon tout aussi évidente, les faits juridiques (un accident, un vol) ne peuvent donner lieu à la rédaction d'une preuve préconstituée** (à moins d'imaginer l'hypothèse improbable de l'envoi au juge de l'aveu écrit du crime qui va être commis).

### B. LIBERTÉ DE PREUVE POUR LES FAITS JURIDIQUES

**En cette matière, trois modes de preuves coexistent** : les **présomptions** ayant déjà fait l'objet d'un développement en introduction, il convient d'examiner successivement la **preuve par témoin** puis le développement de **l'expertise**.

#### a. La preuve par témoin

Appelée également « preuve testimoniale », du même substantif latin que testateur (celui qui atteste, qui fait testament), la preuve par témoin est à la fois la plus vieille et la plus modeste des preuves. Un vieil adage ne disait-il pas que « les témoins sont les yeux et les oreilles de la Justice » ?

Mais un autre brocard de Loysel ajoutait à ce sujet : « Qui mieux abreuve, mieux preuve. »

- **Car la preuve testimoniale est frappée d'une triple faiblesse** :

– **Le faux témoignage ou la subornation de témoins** rendent ces preuves difficiles dans les époques, les pays (Colombie) ou les régions (Sicile) où la violence fait partie de la vie de tous les jours.
– **Mais le plus fréquent n'est pas le mensonge**, volontaire ou contraint : s'agissant d'un ami ou d'un proche, le témoignage est au mieux compréhensif, au pire complaisant.
– **Au-delà de ces problèmes humains**, il faut constater que notre mémoire n'est ni celle d'un ordinateur, ni même celle d'un éléphant. Elle peut s'avérer très sélective, ou au contraire beaucoup plus riche que l'événement en cause, que le témoin a passé et repassé dans sa tête comme dans ses rêves. Le jeu des ambassadeurs, où une scène mimée doit être présentée puis rejouée par cinq ou six personnes successives n'ayant pas vu la scène initiale est révélateur de cette dérive involontaire.

- **Dès l'ordonnance de Moulins en 1566, il fut donc convenu que « lettres passent [devant] témoins »**, et le développement de l'imprimerie a renforcé cette tendance : **on ne prouve pas par témoin contre l'écrit** (au sens juridique).

Cette méfiance n'empêche pas le témoignage de rester le mode de preuve le plus banal devant les tribunaux, répressifs en particulier. Il peut d'ailleurs être écrit pour être produit en justice : il doit alors respecter des règles de forme assurant sa fiabilité, le faux témoignage constituant un grave délit pénal.
La force probante du simple témoignage est laissée à l'appréciation du juge.

### b. Le développement de l'expertise

Dans des matières aussi techniques que la chirurgie ou l'architecture, par exemple, le juge judiciaire comme administratif saisi se trouve bien en peine de savoir s'il y a eu faute ou non.
**Il nomme donc de plus en plus fréquemment un expert comme le lui permet la loi**, afin de rendre intelligible pour lui ce délicat dossier. L'expert doit respecter le strict cadre de sa mission, forcément limitée aux questions techniques de fait **(et non de droit)**. Il ne doit pas non plus se prendre pour un juge, qui ne peut lui déléguer le moindre pouvoir juridictionnel. Une fois le rapport rendu, ce dernier garde d'ailleurs toute liberté pour prendre en compte ou non le rapport de l'expert.

**Cette vision légaliste est un peu théorique**, car en raison de l'incompétence technique du juge comme de sa charge de travail, le rapport de l'expert joue souvent un rôle déterminant dans l'issue du procès.
Cette importance pratique exige que soit vérifiée leur indépendance véritable, qui reste parfois sujette à caution quand l'une des parties au conflit est une puissance considérable, et donc un futur client ou employeur dans le secteur concerné (ex. : en matière médicale).
Face aux profanes que sont le juge et le justiciable, restera toujours la question de la solidarité professionnelle réelle existant entre hommes du métier (même exemple).

## C. LES DÉCLARATIONS SOLENNELLES DES PARTIES

Aussi médiatiques que peu utilisés en pratique, l'aveu et le serment sont néanmoins au sommet de la hiérarchie des preuves.

### a. L'aveu

« Manifestation non équivoque de volonté par laquelle une personne reconnaît comme exacte la prétention de son adversaire », l'aveu est surtout connu en matière pénale.
Il existe en droit privé deux formes d'aveu, dont la force probante est très différente.

- **L'aveu extrajudiciaire**, c'est-à-dire en dehors de tout procès (en réponse à un huissier ou à un notaire par exemple), a la valeur juridique d'un simple témoignage, même si en pratique le juge tient souvent compte de cette prise de position contraire aux intérêts de celui qui l'énonce.
- **L'aveu judiciaire est au contraire considéré comme la « reine des preuves »**, la *probatio probantissima.* Que devant un tribunal, un plaideur reconnaisse un fait favorable à son adversaire témoigne de la véracité de son affirmation.

L'aveu est alors toujours admis par le juge, même si un écrit, voire un acte authentique, était exigé (il constitue le joker, la « reine des preuves ») ; il pourra même valablement les contredire, hypothèse exceptionnelle.
**L'article 1356 énonce les trois conséquences de l'aveu en matière civile** :
– **S'il fait pleine foi contre son auteur**, cet effet est limité à lui, **et à lui seul** : il n'engage pas les tiers par exemple.

– **Il est indivisible** : « C'est vrai que je lui avais emprunté 50 000 francs, mais je les lui ai remboursés depuis » ne pourra être réduit à l'affirmation du prêt non remboursé.
– **L'aveu est ici irrévocable**, car revenir sur de telles déclarations porterait atteinte à la présomption de vérité qui s'attache à tout jugement.
Si l'aveu porte sur un fait **défavorable** à celui qui l'énonce, le serment ne peut porter que sur un point qui lui est favorable.

### b. Le serment

« Je le jure. » D'origine sacrée, le serment était particulièrement redouté car encourir les foudres divines représentait tout autre chose que passer pour un menteur vis-à-vis de ses contemporains. Puis vinrent le serment de vassal à suzerain, les serments civiques de la Révolution, et aujourd'hui celui des personnes « assermentées ».

**Il existe en droit privé deux types de serments.**

- **Le serment décisoire est celui qui est demandé par l'une des parties à l'autre** devant la justice. Le serment déféré entraîne une preuve irréfragable, comme le cas échéant le refus d'y déférer : tous deux obligent le juge à en tirer toutes les conséquences.
- **Le serment supplétoire dépend du pouvoir discrétionnaire du juge** qui, s'il a un doute, peut ou non l'ordonner. De la même façon, il apprécie souverainement sa force probante, qui est donc bien inférieure, comme son nom l'indique, à celle du serment **décisoire**.

# LA PREUVE EN DROIT PÉNAL ET EN DROIT ADMINISTRATIF

16

## A. LA PREUVE EN DROIT PÉNAL

**Elle appelle un développement particulier car les enjeux sont fort différents.** Pour la société, il est impératif que les délinquants et *a fortiori* les criminels puissent être démasqués et condamnés. Dans le passé, les méthodes les plus brutales ont ainsi été employées, la recherche de l'aveu à tout prix du **présumé coupable** ayant dominé sous l'Ancien Régime (la torture banalisée ne faisait qu'anticiper quelque peu sur le cruel châtiment prévu), dans les pays de l'Est, avant la chute du Mur (voir le film de Costa-Gavras, *L'Aveu*), et dans de nombreuses dictatures contemporaines.

Pour le citoyen français d'aujourd'hui, qui bénéficie de la **présomption d'innocence** comme dans tout pays civilisé, la recherche de la preuve peut aboutir à de redoutables atteintes aux libertés individuelles (ex. : feuilleton législatif des écoutes téléphoniques).

Comme d'habitude en Droit, il convient de trouver un équilibre entre l'intérêt majeur que constitue la défense de notre société, et le respect des libertés publiques.

### a. Charge et risque de la preuve en droit pénal

**Toute personne étant présumée innocente, il appartient au ministère public** (en pratique le commissaire de police s'il s'agit d'une **contravention**, le procureur s'il s'agit d'un **délit** correctionnel, l'avocat général pour un **crime**) **de détruire cette présomption** en convainquant les juges du siège que le prévenu est bien coupable des infractions qui lui sont reprochées. Devant le tribunal correctionnel, par exemple, le procureur ou son substitut est entendu en fin d'audience, juste avant la plaidoirie des avocats. Son réquisitoire, qui se termine par une proposition de peine (ex. : 3 ans avec sursis et 50 000 francs d'amende) ne lie évidemment pas les juges du siège qui statueront selon leur intime conviction. Si le ministère public ne les a pas **du tout** convaincus, aucune condamnation ne sera prononcée.

**Mais s'il y a doute sur la culpabilité ?**

En application de la présomption d'innocence, ils ne pourront condamner le prévenu, qui sera relaxé « au bénéfice du doute », **le risque de la preuve lui profitant donc.**

#### b. Les moyens de preuve en droit pénal

Ils sont spécifiques à cette matière, et résumés à l'article 427 du Code de procédure pénale. Tous les moyens de preuve sont admis (ce qui est logique s'agissant par définition de faits juridiques), et aucune hiérarchie n'existe entre eux, contrairement au droit privé classique.

Mais il va de soi que la loyauté dans la recherche et la production des preuves examinée *supra* est maintenue. Non seulement la **torture** est pénalement sanctionnée (les peines étant aggravées si elle est le fait d'agents de la force publique), mais la pratique américaine de la **provocation** (ex. : la police propose de la drogue à un délinquant potentiel, la scène étant filmée) est illégale. Les écoutes téléphoniques sont pour leur part sévèrement encadrées.

- **Dans la pratique, l'essentiel des preuves proposées au tribunal répressif repose sur les témoignages**, provoqués le cas échéant par une **citation à comparaître** devant le tribunal, et à laquelle le témoin doit déférer. Le délit de faux témoignage est lourdement sanctionné.
- Le second moyen de preuve a été amplement développé par les films policiers : **ce sont les constatations matérielles et autres « pièces à conviction »** (arme utilisée, impact, expertise balistique, documents trouvés lors d'une perquisition).
- **L'aveu, ici de sinistre mémoire, n'a pas la même force probante qu'en droit civil** : il ne lie pas le juge répressif mais représente un élément parmi d'autres, le tout lui permettant de former son intime conviction. Il est enfin, dans cette matière, divisible.

### B. LA PREUVE EN DROIT ADMINISTRATIF

La preuve est ici libre (écrit pour l'essentiel, mais le cas échéant témoin, expertise, présomptions).

#### a. Meilleur équilibre dans la répartition de la charge de la preuve

Si l'adage *actori probatio incumbit* devait ici s'appliquer pleinement, il serait presque inutile d'engager un procès devant la juridiction administrative.

**Car l'Administration bénéficiant généralement du privilège du préalable** (c'est-à-dire qu'elle accorde ou refuse, à charge pour le citoyen d'exécuter d'abord, puis de contester ultérieurement cette décision), c'est toujours l'administré qui est demandeur à l'instance, et qui devrait aller rechercher des preuves que détient dans la plupart des cas... l'Administration. Si la règle générale reste que le demandeur doit fonder sa demande, **des règles particulières allègent grandement ce fardeau.** Ainsi tous les actes administratifs qui représentent l'essentiel du contentieux **doivent être écrits et motivés** depuis la loi du 11 juillet 1979, même en l'absence de tout recours contentieux prévisible.

### b. Rôle en principe actif du juge administratif

Cette motivation écrite des actes administratifs se révèle très précieuse pour l'administré, qui bénéficie par ailleurs du caractère **inquisitoire de la procédure.**

Le juge administratif peut ainsi demander lui-même des explications plus précises à l'Administration. Et même s'il le fait avec une retenue qui n'a d'égale que la mauvaise volonté de l'Administration concernée, cette dernière s'y résout tout de même plus facilement que lorsque c'est un simple particulier qui le lui demande. En cas de silence de l'Administration, voire de refus de répondre, le juge en tirera les conséquences.

Craignant l'adage « ce qui ne peut être prouvé n'existe pas », vous avez consacré beaucoup de temps à réunir les preuves exigées par le Droit.

A supposer que vous ayez écarté, avec votre adversaire, les autres modes de résolution des litiges (qu'il s'agisse par exemple de l'Administration, de votre voisin ou de votre employeur, tous peuvent avoir intérêt à transiger : discrétion, rapidité et généralement meilleure efficacité), il vous faut maintenant **engager une procédure contentieuse.**

# 17 ÉLÉMENTS FONDAMENTAUX DE PROCÉDURE CIVILE

**Le droit « processuel »** (et non « procédurier ») s'oppose classiquement au **droit dit « substantiel »**, qui touche la substance même des droits.

- **L'action devant la justice publique est une voie de droit** (qui s'oppose à la vengeance **privée** et à la voie **de fait**) **générale :** elle n'est pas liée à l'existence d'un texte.
- **Son libre exercice est reconnu par de nombreux textes** nationaux et internationaux, et ne peut donner lieu à une quelconque responsabilité, sauf abus (ex. : action introduite dans le seul but de nuire).

**Cette grande liberté est cependant source d'un considérable encombrement des juridictions.**

## A. LES TROIS PRINCIPES DIRECTEURS DU DROIT PROCESSUEL

### a. « Pas d'intérêt, pas d'action »

Les tribunaux n'étant pas des instances gratuites de consultation juridique, le demandeur doit avoir **« intérêt à agir »** en **justice.**

**Trois caractéristiques :**

- **L'intérêt doit être né et actuel :** le contentieux **préventif** est en principe exclu, et le plaideur invoquant un risque futur ou éventuel (« je ne subis aucun dommage, mais si cela continue, un jour peut-être… ») n'a aucune chance de gagner.
- **L'intérêt à agir doit être légitime :** l'exemple classique est celui du proxénète ayant assigné une péripatéticienne en exécution du contrat de prostitution que cette dernière refusait désormais d'exécuter (l'intérêt était ici non seulement illégitime, mais illégal).

Les actions civiles en indemnisation du préjudice subi, intentées par des concubines puis les maîtresses d'hommes mariés décédés ont posé en revanche des problèmes moraux aux juges saisis, et la question de la légitimité de leur intérêt à agir. Cela a été également le cas de jeunes femmes dont l'interruption volontaire de grossesse avait échoué, qui avaient donc donné naissance à un enfant et demandaient réparation du préjudice causé : leur intérêt à demander réparation du préjudice était-il légitime ? Il n'y a pas de « bébé-préjudice » ont répondu les juridictions saisies.

- **L'intérêt doit enfin être direct et personnel : en principe, l'action en justice ne peut être exercée par une autre personne que le titulaire du droit** (ex. : membre de la famille, ami). Il n'est pas en effet souhaitable que des tierces personnes, attirées par l'appât d'un gain éventuel, envahissent les tribunaux.

Mais cette règle ancienne, évoquée par l'adage « nul ne plaide par procureur » (ce dernier représente la société devant les juridictions répressives) connaît de plus en plus d'exceptions, à l'instar de l'évolution des pays occidentaux et spécialement des États-Unis.

La loi permet ainsi aux syndicats et à bon nombre d'associations (en particulier de consommateurs, loi du 18 janvier 1992) d'agir en justice à côté, ou même à la place des victimes éventuelles dans les cas où le rapport de forces semble déséquilibré.

**Si le contentieux est le seul moyen pour obtenir satisfaction** (l'arbitrage ou la transaction sont pourtant souvent préférables) et **si** l'action remplit ces trois conditions cumulatives, **le procès peut commencer.**

**L'instance est une pièce en cinq actes**, aux frontières du droit public et du droit privé, qui doit toujours être conforme à **deux autres principes.**

### b. Principe « dispositif » en matière civile : les parties « disposent » de la vie ou de la mort du procès

Si le demandeur engage une action en justice, il peut également à tout moment l'arrêter : **la procédure civile est accusatoire** et, contrairement à la **procédure pénale qui est inquisitoire**, le juge saisi ne pourra s'opposer à l'arrêt du procès suite à ce désistement (ex. : les parties ont trouvé une solution amiable). Si dans la plupart des cas il s'en réjouira (un litige en moins), la doctrine ou d'autres avocats confrontés à un cas semblable pourront regretter que cette passionnante question de droit ne soit pas tranchée. Mais peu importe, le procès ne pourra pas continuer.

### c. Principe du contradictoire

« Nul ne peut être jugé sans avoir été entendu ou appelé. » Malgré son nom quelque peu singulier pour le profane, cette loyauté minimale (car « les absents ont toujours tort ») est un principe essentiel de procédure.

**Ce respect du contradictoire s'impose à tous :**

- **Aux parties au procès :** tous ses éléments doivent être transmis et soumis à discussion en temps utile afin que la partie adverse puisse préparer sa riposte.
- **Au juge, qui doit le faire respecter** tout au long du procès (malgré son caractère formaliste et concrètement extrêmement contraignant), mais aussi doit **le respecter lui-même** en ne retenant que les pièces ayant donné lieu à cette discussion contradictoire.

## B. DÉROULEMENT DE L'INSTANCE

### a. Acte I : assignation

**Cet acte permettant l'introduction de l'instance relève du demandeur**, c'est-à-dire de la partie qui veut obtenir satisfaction en déclenchant le procès. Il **assigne** (et non pas « porte plainte », expression réservée à la procédure pénale) par exploit d'huissier son adversaire, le **défendeur**, en lui exposant l'objet de sa demande et en précisant la juridiction devant laquelle l'affaire est portée.

Dans les quatre mois, il enverra copie de cette assignation au tribunal compétent, qui le mettra au rôle (« enrôler une affaire ») et fixera une date d'audience.

Ainsi précisément informé, le **défendeur** pourra (et souvent devra : TGI) prendre un **défenseur**, c'est-à-dire **constituer avocat.**

### b. Acte II : choix du tribunal compétent

Il va de soi que cette compétence doit être entendue au sens juridique : on ne recherche pas des magistrats qui connaîtraient bien le thème en question.

« On ne choisit pas son juge » : la double compétence examinée maintenant s'impose aux plaideurs, au titre de l'impartialité.

Quel est le tribunal qui va traiter cette affaire ?

Une double question se pose dès le départ au demandeur : la compétence en fonction de la **matière traitée**, dite également *rationae materiae*. Et la compétence en fonction du lieu *(rationae loci)*.

**L'exception d'incompétence** du tribunal peut être soulevée par l'avocat du défendeur au début de l'audience, mais également être évoquée directement (« d'office ») par le juge saisi.

- **Compétence d'attribution** *(rationae materiae)*

**Erreurs à éviter :**

– S'interroger longuement sur quelle Cour de cassation va être compétente pour statuer sur un pourvoi : il n'existe qu'une Cour de cassation siégeant à Paris.
– Moins grotesque, mais gênant tout de même : chercher désespérément quelle est la cour d'appel compétente. La carte judiciaire française prévoit de façon automatique devant quelle cour l'affaire sera réexaminée. Il n'existe en la matière aucun choix.

**Ce qu'il faut faire :**

– **Le bon réflexe** : le tribunal de **droit commun** étant le TGI, c'est *a priori* cette juridiction qui est compétente, sauf pour les affaires de moins de 30 000 francs (tribunal **d'instance**).
– Il faut cependant **vérifier que ce contentieux ne relève pas d'une juridiction spécialisée** en ce domaine, quel que soit le montant de la demande : tribunal de commerce si différend entre entreprises, conseil de prud'hommes si litige employeur/salarié, etc.
Si c'est le cas, la compétence des juridictions d'attribution est d'ordre public : en principe ni les parties ni le juge ne peuvent décider d'aller devant un autre tribunal.
Nous savons désormais que la juridiction compétente pour notre affaire est le TGI. Mais lequel des *181* TGI de France ?

- **Compétence territoriale** *(rationae loci)*

Afin d'éviter aux deux plaideurs de faire chacun 300 kilomètres pour trouver un juge, il fallait choisir entre deux solutions : le tribunal où réside le demandeur ou celui où habite le défendeur. *Actori sequitur forum rei.* A presque toutes les époques et dans presque tous les pays, **le tribunal géographiquement compétent est celui du domicile du défendeur**, afin de ne pas encourager les comportements abusifs en obligeant le défendeur qui a eu en principe un comportement normal à se déplacer à l'autre bout de la France. Cela peut en revanche être le cas pour le demandeur, ce qui se révèle dissuasif pour les petites affaires.
**Mais comment faire lorsqu'il s'agit non pas d'une personne physique** (de chair et de sang comme vous et moi), **mais d'une personne morale** : syndicat, association et surtout entreprise ? La réponse coule de source : le tribunal compétent sera en principe celui de son **siège social**, à l'instar du domicile des personnes physiques. Mais cette règle de bon sens a rapidement

abouti à un embouteillage considérable des juridictions de Paris, Lyon ou Marseille, où les plus grandes sociétés françaises ont installé leur siège.

Comme par ailleurs cette localisation aboutissait à contraindre les petits justiciables à faire de longs et coûteux déplacements pour aller plaider, la jurisprudence a décidé en 1873, dans une affaire Société des chemins de fer PLM justement, que le procès pourrait également avoir lieu dans toutes les villes où la personne morale en cause disposait d'un **établissement important**. Cet arrêt, dit « **des gares principales** », permet donc d'assigner une société dont le siège est à Paris devant le tribunal d'une ville beaucoup plus proche du justiciable qui se dit lésé, là où cette entreprise dispose d'un établissement autonome.

### c. Acte III : les audiences

**Si l'on écarte les audiences de procédure**, où le juge « de la mise en état » suit en amont avec les parties l'avancement du dossier (pièces et expertises arrivées, dates limites de dépôt), l'essentiel est bien sûr constitué par les **audiences de jugement**.

Si vous êtes un habitué des séries américaines ou des films policiers, vous serez fort déçu lorsque vous irez assister à des audiences civiles devant le TGI ou la cour d'appel de votre ville (ce que tout apprenti juriste devrait faire plusieurs fois par an, en allant devant les diverses juridictions : TI, conseil de prud'hommes, tribunal de commerce, cour d'appel et non pas seulement la cour d'assises).

**Les audiences sont forcément publiques** (ce qui ne signifie pas médiatiques : tout enregistrement est à juste titre prohibé), puisque la justice n'a rien à cacher à qui que ce soit.

A gauche et à droite du tribunal, composé en principe de trois **magistrats assis (les juges du siège, qui sont les seuls à juger)**, les plaideurs et leurs avocats interviennent oralement, en respectant le principe du contradictoire évoqué ci-dessus. Le **ministère public**, qui est à la droite du tribunal, prend parfois la parole en évoquant les intérêts de la Société tout entière dans cette affaire.

Après ces débats, l'avocat du demandeur résume ses demandes, et l'avocat du défendeur lui répond (mais le « ministère d'avocat » n'est pas toujours obligatoire. TI, conseil de prud'hommes : ce sont les parties elles-mêmes qui prennent alors la parole). Le président de la juridiction prononce alors la **clôture des débats**.

### d. Acte IV : le jugement

**Toujours rendu en audience publique**, le jugement peut être rendu immédiatement, « sur le siège », si l'affaire est évidente. Mais les magistrats se retirent généralement en « chambre du conseil » pour délibérer, et reviennent lire le jugement lorsqu'il est rédigé.
S'il s'agit d'un litige complexe, l'affaire est « mise en délibéré », et le président de la juridiction informe les plaideurs de la date du jugement (ex : « Jugement à quinzaine »).

### e. Acte V : exécution du jugement

Dans l'immense majorité des cas, le jugement est **exécuté** par la partie perdante après sa notification officielle.
Mais ce n'est pas toujours le cas :

- **L'appel est en principe suspensif**, sauf si l'exécution provisoire est ordonnée.
- **La mauvaise foi de certains plaideurs** étant sans limites, il faut alors les contraindre à exécuter le jugement rendu : **l'exécution forcée** est le thème d'un cours entier de « **voies d'exécution** », récemment réformées pour s'adapter à l'économie d'aujourd'hui.

**La coercition physique (mise en prison) ayant ici disparu** depuis longtemps, la pression va porter sur le **patrimoine** du perdant, avec par exemple des saisies portant sur ses revenus (ex. : directement sur son salaire, avant qu'il ne lui soit versé) comme sur ses biens (meubles et immeubles), pouvant aller jusqu'à la vente forcée par un commissaire-priseur. Cette simple éventualité suffit souvent à faire entendre raison au réfractaire. Mais si celui-ci est astucieux et bien conseillé, il faudra plusieurs années et beaucoup de dépenses pour faire exécuter en pratique le jugement rendu.
**Là réside l'une des faiblesses principales du droit français,** qu'il soit privé (un tiers des pensions alimentaires ne sont pas ou sont mal versées) ou public (combien de collectivités locales ne tiennent aucun compte des décisions des tribunaux administratifs ?). Une fois la décision rendue, la justice estime qu'elle a rempli son office et laisse le plaideur se débrouiller seul pour faire exécuter le jugement.

### C. L'ASTREINTE

**Afin de parvenir à une exécution plus rapide des décisions de justice**, le droit privé puis le droit administratif (loi du 8 février 1995 pour les TA et CAA), et même le droit communautaire depuis Maastricht ont créé **l'astreinte**, mécanisme essentiel à connaître vu son omniprésence dans toutes les branches du droit d'aujourd'hui.

#### a. Définition

Il s'agit d'une somme d'argent dont le montant est **librement fixé** par le juge et qui sera **versée au créancier** en cas d'inexécution de la part du débiteur.

**Sa particularité est que le montant final est fonction de la durée** de l'inexécution (ex. : le magasin qui, au mépris de la vie familiale de ses salariés et du Code du travail, ouvre ses portes le dimanche : 300 000 francs à chaque ouverture dominicale).

Le débiteur comprend vite que son intérêt est d'exécuter le plus rapidement possible le jugement rendu à son encontre, pour deux raisons :

**Objectivement** car la somme en cause augmente chaque jour (voire parfois chaque heure) qui passe.

**Subjectivement** en raison de l'identité du bénéficiaire : son adversaire au procès, qu'il enrichit ainsi régulièrement.

#### b. Attention aux confusions

- Ne confondez pas l'astreinte, décidée forcément par une juridiction civile ou administrative, avec **l'amende** à laquelle est condamné le délinquant par un tribunal pénal.

L'amende est une **peine** dont le taux est **précisément fixé** par le Code pénal, et qui est payée une fois pour toutes au **Trésor public** (et non à la victime).

- L'astreinte ne se confond pas non plus avec les éventuels **dommages et intérêts** que le perdant doit verser à son adversaire. Les deux sommes au contraire **se cumulent** car elles n'ont pas la même fonction : les dommages et intérêts sont versés au titre de la réparation d'un préjudice, alors que l'astreinte vise simplement à faire exécuter la décision de justice.

#### c. Astreinte provisoire et astreinte définitive

Afin de faire exécuter encore plus rapidement cette décision, **la première astreinte prononcée est forcément provisoire.** C'est-à-dire que le jour de la liquidation, le juge ne sera pas forcé de faire une simple multiplication : astreinte journalière multipliée par jour de retard constaté. Si le débiteur a exécuté, le juge pourra au contraire réduire le montant final, au grand désespoir du créancier.

Si à l'inverse l'inexécution persiste, le même juge pourra liquider l'astreinte précédente, en prononcer une nouvelle dont le taux journalier aura sensiblement augmenté, et décider que désormais elle sera **définitive**. C'est-à-dire qu'à la prochaine liquidation dont la date a été fixée, le débiteur devra payer le résultat de la multiplication du taux nouveau par le nombre de jours de retard.

L'astreinte peut être prononcée par les juges du fond. Mais la lecture des journaux vous montrera également son importance devant la **juridiction des référés**.

## D. LE JUGE DES RÉFÉRÉS

### a. Pourquoi un juge de l'urgence ?

Surnommé « le SAMU de la Justice » par J. Normand, professeur à Reims, le **juge de l'urgence** a envahi toutes les juridictions françaises, pour deux raisons :

- **L'encombrement chronique** des juridictions a abouti à des délais de jugement intolérables.
- **Ces délais sont incompatibles avec l'atteinte inadmissible** portée à certains droits. Qu'il s'agisse d'un journal violant la vie privée d'un citoyen, d'une campagne publicitaire de votre concurrent dénigrant vos produits ou de l'arrêt d'un chantier qui menace de s'effondrer sur quinze ouvriers, le procès dont le résultat interviendra douze mois après n'aura aucune efficacité réelle : le mal sera fait, difficilement réparable.

D'où la création, au sein de toutes les juridictions civiles (mais également administratives), d'une formation spécialisée : « le juge des référés ».

### b. Un rôle essentiel dans la pratique

**Ce rôle fort important est tenu par le président de la juridiction** (président du TGI, du tribunal de commerce...). Il statue donc **seul**, n'ayant en principe qu'à se prononcer sur des troubles manifestement illicites et ne tranchant pas l'affaire au fond.

### c. Le juge des référés est le juge du provisoire

Pour prévenir un dommage imminent ou faire cesser un trouble manifestement illicite, le juge des référés peut donc être saisi en urgence, parfois d'heure à heure, mais cette rapidité ne lui permet pas de se substituer au juge classique (« juge du fond » de l'affaire).

Le demandeur, après avoir identifié le tribunal compétent en fonction de la nature de l'affaire et du domicile du défendeur, n'obtiendra que le juge des référés n'examine son affaire **qu'en commençant par lui prouver le trouble manifestement illicite qu'il subit**.

S'il le prouve, **le juge de l'urgence rendra une ordonnance** afin de le faire cesser, accompagnée souvent d'une astreinte.

S'il n'y parvient pas, le magistrat le renverra devant le juge du fond : il sera certes **compétent**, mais ne disposera pas des **pouvoirs** pour statuer en référé.

#### d. Le référé-provision

Pour être complet, il convient de préciser que le juge des référés peut également statuer en l'absence d'urgence. C'est par exemple le cas du **référé-provision** : si l'obligation n'est pas sérieusement contestable, il peut allouer une somme au demandeur.

# ÉLÉMENTS FONDAMENTAUX DE PROCÉDURE PÉNALE ET ADMINISTRATIVE



## A. ÉLÉMENTS DE PROCÉDURE PÉNALE

La procédure pénale a été profondément bouleversée par la loi du 4 janvier 1993.

Éternelle question à résoudre, aussi vieille que la matière : **jusqu'où peuvent aller le juge comme la police judiciaire dans la recherche de la preuve ?**

Si l'on privilégie l'intérêt de la société, il convient de leur laisser une grande liberté.

Mais cette liberté pouvant le cas échéant être mal utilisée, il s'agit moins de protéger le délinquant récidiviste que le citoyen soupçonné à tort, et dont la vie peut être bouleversée par une simple comparution devant le tribunal correctionnel. Toutefois le premier bénéficiera des avantages surtout créés pour le second.

Dès lors, tout dépend de la gravité de l'infraction commise.

**Il existe trois types d'infractions en droit français, et trois procédures distinctes.**

### a. La contravention

**Simple infraction à la discipline sociale**, une contravention ne peut aujourd'hui conduire à une peine de prison. Dès lors, la procédure utilisée est d'une grande simplicité, voire même automatique (cf. le timbre-amende). Dans tous les cas, le contrevenant peut exiger d'être jugé devant le **tribunal de police** compétent, où siège en règle générale un seul magistrat et où le rôle du ministère public est tenu par un commissaire de police. Mais ce recours pour les petites contraventions (elles sont divisées en cinq classes) s'avère contre-productif car en l'absence d'éléments de preuve très convaincants, le magistrat débordé n'appréciera guère.

### b. Le délit

Jugées par le **tribunal correctionnel** qui peut condamner le prévenu à cinq ans de prison pour les plus graves (dix ans en cas de récidive), ce second type d'infractions peut donner lieu à des procédures très diverses.

**Pour les plus graves, un juge d'instruction sera saisi**, et littéralement « instruira l'affaire » à charge et à décharge avec le concours de la police judiciaire ou de la gendarmerie (enquête sur place, auditions de témoins, expertises). Si les faits sont avérés, il rendra une **ordonnance de renvoi** devant le tribunal correctionnel. Si ce n'est pas le cas, il rendra une **ordonnance de non-lieu** (à poursuites).

**Devant le tribunal correctionnel** où siègent en principe trois magistrats du siège, les intérêts de la Société sont défendus par le procureur de la République ou l'un de ses substituts.

**Le cas échéant, la victime directe de l'infraction pourra se constituer partie civile,** ce qui lui permettra, en cas de condamnation du prévenu, d'obtenir sa condamnation à des dommages et intérêts (mais en pratique, le condamné est-il solvable ?).

C'est également le cas en matière criminelle.

### c. Le crime

Si elle ne doit pas être confondue avec les crimes **de sang** (certes meurtre et homicide volontaire, mais aussi viol ou espionnage), cette troisième infraction est néanmoins la mieux connue de l'opinion publique par son caractère cinématographique puis médiatique.

**Même si la peine de mort est abolie en France depuis 1981** (pour les criminels, mais non leurs victimes), les peines encourues (perpétuité, vingt ans, récemment aggravées par celles dites « incompressibles ») rendent ici particulièrement nécessaire une procédure limitant au maximum tout risque d'erreur.

***A fortiori* en raison de la juridiction particulière qui va devoir se prononcer.**

- **La cour d'assises** est pour l'essentiel composée de neuf **jurés populaires** tirés au sort sur les listes électorales, même si le rôle des trois magistrats professionnels, dont le président de la cour, est déterminant en droit comme en fait.

Le ministère public y est représenté par l'avocat général.

- **Ses arrêts ne sont pas susceptibles d'appel,** mais seulement d'un pourvoi en cassation. Cette méconnaissance du principe du double degré de juridiction n'est cependant qu'apparente.

**Car l'instruction de l'affaire se déroule ici forcément à un double niveau.**

- Le juge d'instruction nommé (qui appartient au TGI) rend après enquête une ordonnance de transmission qui sera examinée par des magistrats de la **cour d'appel** (« la chambre d'accusation »). Ces derniers sont saisis de l'ensemble du dossier, et décideront si l'accusé doit être effectivement renvoyé devant la juridiction populaire, où il sera **condamné** ou **acquitté**.

• **Une réforme est néanmoins en cours** afin de rendre cette procédure de jugement totalement conforme au principe du double degré de juridiction.

**La grande particularité de la procédure pénale** réside dans le rôle des parties au procès. Contrairement au droit civil ou au droit commercial, par exemple, où s'opposent deux personnes, c'est ici toujours le ministère public qui poursuit les infractions, au nom de la Société tout entière. Et même si la victime retire sa plainte, il peut de sa propre initiative poursuivre le délinquant à ce titre.

## B. ÉLÉMENTS DE PROCÉDURE ADMINISTRATIVE

### a. Saisine du tribunal administratif

Sur papier libre et sans aucun formalisme particulier, le **requérant** va déposer devant le tribunal géographiquement compétent (la question de la compétence matérielle ne se pose pas en principe) sa requête, exposant les faits et les moyens qu'il compte faire valoir. Il y joindra copie de la décision attaquée, ou de sa demande à laquelle l'Administration n'a pas répondu (décision **implicite** de rejet après quatre mois).

### b. Instruction de la requête

La procédure devant la juridiction administrative est fort différente de la procédure civile.

**La procédure est ici inquisitoire** : le juge y a donc un rôle actif, organisant l'instruction, exigeant le cas échéant de l'Administration la production de certains documents.

A l'évidence conforme au principe du **contradictoire**, elle est par ailleurs **écrite** : les jeunes étudiants s'attendant à des envolées et des effets de manche sont toujours déçus, car l'essentiel repose dans le **mémoire** écrit déposé par chaque partie.

### c. Jugement

Chaque partie ayant pris connaissance avant l'audience du mémoire de son adversaire, chacune développera à l'audience de rapides observations orales. Puis le commissaire du gouvernement exposera dans ses conclusions le point de vue du technicien du droit.

**L'affaire sera mise en délibéré**, le jugement étant rendu dans les semaines suivantes. Mais qu'il s'agisse d'un recours pour excès de pouvoir ou d'un recours de plein contentieux, il ne faut pas attendre du juge administratif qu'il donne des injonctions à l'Administration. Dans le premier cas, le requérant obtiendra l'annulation de la décision attaquée, dans le second cas l'indemnisation (rigoureuse) du préjudice qu'il a subi.

**Si le juge administratif peut également statuer en référé**, il utilise avec une réserve sans égale cette possibilité qui lui donne l'impression de statuer dans l'urgence, et donc la précipitation.

# CONCLUSION

Vous connaissez maintenant **l'essentiel de l'essentiel**, et la lecture de revues juridiques comme d'articles spécialisés dans la presse quotidienne ne doit plus vous faire peur.

Tout au long de vos études juridiques (la peine va de deux ans, DEUG, à quatre ans, maîtrise), n'oubliez pas la réflexion de Voltaire : « **Rien ne peut se faire sans un minimum d'enthousiasme.** » Appliquez-la à l'ensemble de vos recherches.

Et avant d'être frappé(e) par la maladie professionnelle qui guette tous les juristes, remémorez-vous la judicieuse et si humaine remarque du doyen Jean Carbonnier : « **Tout comme le contentieux n'est pas le Droit, le Droit est une infime partie de la vie en Société.** »

## CONSEILS DE LECTURE

Comme toutes les disciplines scientifiques (physique, mathématiques) ou sportives (« coup franc » pour le foot, « choque le foc » pour la voile), le Droit a créé son propre vocabulaire, précis et indispensable dès la première année, mais parsemé de faux amis : un avocat général n'est ni avocat ni général, et un commissaire du gouvernement n'a jamais mis les pieds dans un commissariat.

- Vous devez donc acquérir dès maintenant un **lexique des termes juridiques**, qui vous suivra tout au long de vos études. Celui rédigé sous la direction de J. Vincent et paru en format de poche chez Dalloz apparaît le mieux adapté. Si vous voulez de plus amples explications, vous pourrez consulter le ***Vocabulaire juridique*, réalisé sous la direction de G. Cornu et paru aux PUF.**
- Le deuxième ouvrage dont vous devez rapidement faire l'acquisition pour savoir vous en servir lors des examens est le **Code civil**. Il est publié chaque année par de nombreux éditeurs, mais les plus accessibles et les seuls autorisés en examen sont ceux que publient Dalloz (rouge) ou Litec (bleu).
- **Parmi les très nombreux ouvrages généraux** d'introduction au Droit, celui que vous a conseillé votre professeur **dans sa dernière édition** est celui qui est le mieux adapté à son enseignement.

A défaut, tout dépend de ce que vous recherchez.

**Les plus complets (mais donc volumineux)** : F. Terré, *Introduction générale au Droit*, Précis Dalloz ; J. Ghestin et G. Goubeaux, *Droit civil, Introduction générale*, LGDJ.
Sous des titres similaires :

**Le plus vivant** : P. Malaurie, Éd. Cujas.

**Le plus pédagogique :** J.-L. Aubert, Armand Colin.

**Le plus intelligent** au sens premier du terme, car philosophie, sociologie et histoire sont convoquées pour vous faire comprendre de l'intérieur la **construction du Droit :** Jean Carbonnier, *Droit civil, Introduction*, PUF, Thémis.



RÉALISATION : ATELIER GRAPHIQUE DES ÉDITIONS DE SEPTEMBRE À PARIS
IMPRESSION : AUBIN IMPRIMEUR À POITIERS
DÉPÔT LÉGAL JUIN 1996. N° 28198 (L51214)